스탠퍼드식

리더십
수 업

스탠퍼드식 리더십 수업

—

2023년 3월 8일 초판 1쇄 발행
2023년 3월 28일 초판 2쇄 발행

—

지은이 스티븐 머피 시게마쓰
옮긴이 김정환
펴낸이 강준규
책임편집 유형일
마케팅 추영대
마케팅지원 배진경, 임혜솔, 송지유, 이원선

—

펴낸곳 (주)로크미디어
출판등록 2003년 3월 24일
주소 서울특별시 마포구 마포대로 45 일진빌딩 6층
전화 번호 02-3273-5135
팩스 번호 02-3273-5134
편집 02-6356-5188
홈페이지 http://rokmedia.com
이메일 rokmedia@empas.com

—

ISBN 979-11-408-0772-7 (03190)
책값은 표지 뒷면에 적혀 있습니다.

—

• 잘못 만들어진 책은 구입하신 서점에서 교환해 드립니다.

변화와 성장을 이끄는
스탠퍼드식 최고의 리더십 지침서

스탠퍼드식
리더십
수 업

스티븐 머피 시게마쓰 지음 · 김정환 옮김

STANFORD LEADERSHIP CLASS

ROK
MEDIA

저자 · **스티븐 머피 시게마쓰**スティーヴン・マーフィ重松

스티븐 머피 시게마쓰는 스탠퍼드 대학교 심리학자이자 스탠퍼드 대학 하트풀니스 연구소 창설자이다. 매사추세츠 대학교에서 심리학을 전공했으며, 레슬리 대학교에서 교육학 석사 학위를 받았다. 하버드 대학교에서 임상심리학 박사 학위를 받았고, 1994년부터 도쿄 대학교 유학생 센터와 대학원의 교육연구과 교수로 12년간 일했다. 2002년부터 스탠퍼드 대학교 의학부 특임 교수로 16년간 일했으며, 현재는 스탠퍼드 대학교 의학부에 설립된 건강과 인간 수행Health and Human Performance의 리더십 혁신이라는 프로그램에서 마음챙김mindfulness과 EQ 이론에 기반해 리더십을 키우는 방법과 인문과학부에 설립된 인종과 민족 비교 연구센터Center for Comparative Studies in Race and Ethnicity에서 인종, 국가, 젠더, 계급 등 경계를 넘어 다양성을 존중하는 능력을 키우는 방법을 강의하고 있다. 국제 청소년 리더 육성 프로그램Global Youth Leadership Program의 책임자로 일했으며, 정부 기관, 기업, 의료 기관, 교육 기관 등에서 리더십에 관한 강연을 하고 있다. 《스탠퍼드 대

학 마음챙김 수업スタンフォード大学 マインドフルネス教室》,《아메라시 안 아이들: 알려지지 않은 소수자 문제アメラジアンの子供たち—知られざ るマイノリティ問題》,《다문화 만남Multicultural Encounters》,《마음챙김에 서 일체감으로From Mindfulness to Heartfulness》 등 10여 권이 넘는 저술했 다. 이 책은 저자가 스탠퍼드 대학교에서 연구하고 발전시켜온 지식과 뇌과학, 인지과학, 심리학 등의 최신 이론을 응축시킨 스탠퍼드식 최 고의 리더십 수업이 담겨 있다. 이 책은 오늘날 우리가 지향해야 하는 리더상은 무엇인지, 이를 위해 어떠한 자질을 길러야 하는지를 제시하 며, 심리학적 분석과 실제 조직 내에서 일어나는 문제에 대한 구체적 인 대안과 실천법도 함께 제시한다. 스탠퍼드 대학의 리더십 수업이 한 권에 정리된 이 책을 통해 누구나 '최고의 리더'가 되기 위한 변화와 성장의 첫걸음을 내디딜 수 있을 것이다.

역자 · 김정환

건국대학교 토목공학과를 졸업하고 일본외국어전문학교 일한통번 역과를 수료했으며, 현재 번역 에이전시 엔터스코리아 출판기획 및 일 본어 전문 번역가로 활동하고 있다. 경력이 쌓일수록 번역의 오묘함과 어려움을 느끼면서, 다음에는 더 나은 번역, 자신에게 부끄럽지 않은 번역을 할 수 있도록 노력 중이다. 공대 출신 번역가로서 공대의 특징 인 논리성을 살리면서 문과의 감성을 접목하는 것이 목표다. 야구를 좋 아해 한때 imbcsports.com에서 일본 야구 칼럼을 연재하기도 했다. 주 요 역서로는 《세계사를 바꾼 화학 이야기》,《근현대 전쟁으로 읽는 지 정학적 세계사》,《세상의 모든 법칙》,《사장을 위한 권력학》 등이 있다.

리더십의 원칙,
우리는 리더다

"우리는 모두 리더다We are the Leaders."

이는 내가 스탠퍼드 대학교에서 수업할 때 반드시 하는 말이다. 독자 여러분에게도 이 말을 먼저 전하고 싶다. "우리는 모두 리더다."

나는 이런 생각이야말로 리더십의 기반이며 원칙이라고 믿는다. 게다가 지금까지 이 말이 많은 사람을 변화시키는 것을 직접 목격했다. 여러분도 이 말을 계기로 변화하기 바란다. 직장에서는 물론이고, 여러분이 속한 공동체나 가정에서도 진정한 리더십을 발휘할 수 있을 것이다.

내가 스탠퍼드 대학교에서 심리학자로서 교편을 잡은 지도 17년이 흘렀다. 일본에서 태어나 미국에서 성장한 나는 하버드 대학교 대학원에서 임상심리학을 공부하고 박사 학위를 취득했다. 교육을 받은 곳도, 사회인으로서 첫발을 내디딘 곳도 미국이지만, 1994년부터 12년 동안 도쿄대학교 대학원의 교육연구과에서 교편을 잡기도 했다. 그리고 2002년에 다시 미국으로 돌아가 스탠퍼드 대학교에서 학생들을 가르치기 시작했다.

현재 나는 타인과의 유대와 자기실현에 관해 중점적으로 연구하는 스탠퍼드 대학교 하트풀니스 연구소Stanford Heartfulness Lab의 창설자로서 세 가지 활동을 펼치고 있다.

첫째, 스탠퍼드 대학교 수업으로, 마음챙김mindfulness과 EQ 등을 통해 글로벌 스킬이나 다양성에 대한 존중심, 리더십을 갈고닦는 방법을 가르치고 있다.

둘째, 리더십 트레이닝으로, 기업이나 정부 기관, 대학교, 의료 시설 등에서 고등학생, 대학생, 사회인을 대상으로 강연과 워크숍을 실시하고 있다.

셋째, 심리학자로서의 연구와 집필 활동으로, 미국, 일본을 비롯한 동아시아, 유럽의 식견을 도입한 〈자아 및 타인의 이해Understanding self, Understanding others〉 등의 학술 논문을 의학지에 발표했다. 또한 연구 성과를 일반인에게도 널리 알리기 위해 미국과 일본에서 책을 내고 있다.

심리학은 사회과학의 한 분야로, 인간의 마음과 행동 사이에 어떤 관계가 있는지 탐구하는 학문이다. 즉, '마음에 관한 지식'을 얻는 것만으로는 의미가 없다. 마음에 관한 지식은 물론 마음을 가진 사람이 어떻게 행동하는지도 알아야 한다.

그래서 나는 실천을 통해 지식을 얻으면 그것을 즉시 수업에 도입해 학생들에게 피드백을 얻고, 그 피드백을 바탕으로 더욱 깊이 연구해서 이론과 실천법을 발전시키는 식으로 매일같이 연구 개발을 하고 있다.

스탠퍼드의 '리더 심리학'

나는 스탠퍼드에서 10년에 걸쳐 리더십 프로그램을 개발해왔다. 2013년에는 '미래 세계를 선도할 변혁적 리더를 육성한다'는 내용의 리더십 수업인 '자아와 체계의 변혁Transforming Self and Systems'을 개설했다.

이 책에서 소개하려는 것은 내가 스탠퍼드 대학교에서 직접 실천하면서 얻은 지식과 최신 이론을 응축시킨 '스탠퍼드식 최고의 리더십'이다. 리더십 프로그램의 설계자이자 스탠퍼드에서 심리학이라는 학문에 몸담은 사람으로서 현재의 비즈니스 현장에 도움을 줄 수 있다면 더할 나위 없이 기쁠 것이다.

아이비리그의 공통적인 리더론

IT 혁신의 성지로 일컬어지는 실리콘밸리에 자리한 스탠퍼드 대학교는 푸른 자연과 조용한 분위기, 새로운 것을 받아들이는 기풍이 갖춰져 있어 깊게 사색하고 새로운 것을 공부하기에 적합하다.

9월에 입학한 신입생들과 내 수업을 처음 듣는 2, 3학년들은 "우리는 모두 리더다"라는 내 말에 놀란다. 어쩌면 이 책을 읽는 여러분도 그럴지 모르겠다. 하지만 걱정하지 않는다. 스탠퍼드 대학교의 학생들은 내 말을 금방 받아들인다. 스탠퍼드뿐만 아니라 프린스턴, 하버드, MIT, 시카고, 예일 등 미국에서 일류로 평가받는 대학교의 학생들은 자신에게 리더가 될 능력이 있다는 자부심이 있기에, 이 말을 그대로 믿는다.

"리더가 될 수 있다고 자부한다고? 너무 교만한 거 아니야?", "미국의 엘리트 대학생답게 벌써부터 콧대가 하늘을 찌르는구먼"이라며 생각할지도 모르겠지만, 이 말은 미국 일류 대학 학생들에게만 해당되는 것이 아니다. 미국인이든 일본인이든, 엘리트 대학생이든 직장인이든 상관없다. 우리 모두는 리더가 될 능력이 있으며, 리더가 되어야 한다. 다만 차이가 있다면, 그 사실을 자각하고 있는가 그렇지 않은가, 혹은 능력이 있다고 믿는가 믿지 않는가 하는 것뿐이다.

이 책에서는 스탠퍼드 대학교 학생들이 받아들인, 심리학적 근거에 입각한 리더십론을 설명한다. 여러분이 잠재돼 있던 리더십을 개발해 성과를 내거나 리더로서 역할을 다하는 등 실제 업무에 활용하길 바란다.

사람을 움직이는 원리

내 수업에는 다양한 전공의 학생이 찾아온다. 스탠퍼드에서는 문과 계열의 학생이 이과 계열의 수업을 받거나, 그 반대의 경우가 드물지 않다. 4년 동안은 학부에 얽매이지 않고 흥미로운 수업을 선택할 수 있다.(법학, 의학 등의 전공은 대학원에 진학한 뒤에 공부한다.)

그런데 이런 사실은 학부에서 강의하는 교원에게 학생들로부터 필요한 수업으로 인정받지 못하면 강의를 계속할 수 없는 장애물로 작용하기도 한다. 그래서 학부 단계에서 새로운 수업을 실시하는 데 상당히 보수적이다. 게다가 스탠퍼드 대학교는 컴퓨터를 비롯한 테크놀로지 분야에 강한 이과 계열 대학교다. 그런데도 오랫동안 대학 측에서 내 강의를 계속 유지하는 이유는 심리학을 기반으로 한 리더십이 차세대 리더가 될 모든 학생에게 필요하다고 판단했기 때문이다. 심리학과 리더십이 미래를 짊어질 인재에게 꼭 필요한 요소로 여겨지는 것이다.

"리더는 사람을 움직일 수 있어야 하며, 사람을 움직이게 하는 것은 시스템이나 논리가 아니라 마음이다."

사람을 움직이기 위해 필요한 것은 인간 심리에 대한 통찰이다. 그렇기에 심리학이라는 필터를 통해 리더십을 고찰할 필요가 있다. 이 책을 읽기에 앞서 리더십의 이 원칙을 기억해두기 바란다.

'리더+추종자'의 구조가 붕괴된다

우리는 '직급이 높은 사람', '팀을 하나로 모으는 역할을 하는 사람' 등 한정된 사람만이 리더이며, 나머지는 추종자라고 생각하는 경향이 있다. 그러나 100세에 타계한 미국의 사회활동가이자 작가인 그레이스 리 보그스Grace Lee Boggs가 우리 모두 리더십을 갖추고 있다는 발상을 내게 가르쳐줬다.

2013년 봄, 97세의 보그스는 스탠퍼드에서 강연을 했다. 나는 고령에도 에너지가 넘치는 그녀의 모습에 완전히 매료되었다. 당시 《차세대 미국 혁명The Next American Revolution》이라는, 앞으로의 미국에 필요한 변혁에 관한 책을 갓 집필했던 그녀는 이런 이야기를 했다.

"'리더'라는 말은 흔히 '추종자'라는 말과 한 쌍을 이루는데, 저는 다르게 생각합니다. 앞으로의 시대에 필요한 것은 새로운 리더십입니다. '따르고 싶다'는 생각이 드는 사람을 찾을 것이 아니라, 자신의 내부에서 리더를 찾아내야 합니다."

그녀의 이야기를 계기로 나는 리더와 리더십에 관해 다시 생각해보게 되었다.

- 자신이 자기 자신의 리더가 된다는 것은 '자신의 의지'로 행동한다는 뜻이다. 이것은 우리 모두가 리더가 된다는 의미가 아닐까?
- 갈수록 복잡해지는 오늘날, 정보의 바다를 헤엄쳐 나가려면 '어디로 나아가야 할 것인가?'를 스스로 결정하고 그 결정에 대해 스스로 책임져야 하지 않을까?
- 자기 자신을 위해서만이 아니라 함께 살아갈 가족, 공동체, 동료를 위해 최선의 선택을 할 책임이 있으며, 그것은 곧 '모두가 리더'라는 의미가 아닐까?
- 각자 리더십을 갈고닦는 것이야말로 충실한 삶의 기반이 되는 게 아닐까?

리더십은 '나를 바꾸는 수단'으로도 활용할 수 있다

현실적으로 조직에는 서열이 있다. 가령 회사에는 사장이 있고, 임원이 있고, 부장이 있고, 과장이 있다. 의료 현장에서는 의사가 리더이고, 간호사나 의료 기술자 등은 의사를 따른다고 여겨진다.

그러나 이것은 '사실'이 아니다. 대다수가 리더의 지시를 멍하니 기다리기만 한다면, 회사가 심각한 위기에 처했을 때 다시 일어설 수 있을까? 언제 긴박한 상황이 닥칠지 모르는 의료 현장에서 모든 간호사가 아무것도 하지 않고 의사의 지시를 기다리기만 한다면 환자를 구할 수 있을까? 리더는 혼자서 100퍼센트 완벽한 판단을 내릴 수 있을까?

답은 오래 생각할 필요도 없이 '아니요'다. 한 사람 한 사람이 '나는 지금 무엇을 해야 하는가?'를 결정하고, 그 결단을 공유하며(리더십을 발휘하며), 최종적으로 판단을 내려 모두 함께 최선의 길로 나아가야 한다. 그래야 업무 현장에서 최고의 효율이 발휘된다.

리더십을 갖춘 사람들이 서로에게 영향을 주는 조직은 강해진다. 또한 리더십을 발휘하며 일하면 그 개인도 성장한다. 직위나 보수 등 구체적인 성과는 따라오기 마련이다.

'하나의 규칙'을 따르기만 하면 되던 시대는 이제 끝났다.

앞으로는 자신의 능력을 최대한으로 활용해 최고의 효율을 이끌어낼 방법을 모두가 모색해야 하는 시대가 올 것이다. 그렇게 생각하면 리더십은 우리가 꼭 갖춰야 할 요소라고 할 수 있다.

나는 리더십은 삶의 방식이라고 생각한다.

자신의 능력을 최대한으로 활용하기 위해 먼저 스스로의 리더가 되자. 최고의 성적을 추구하는 운동선수, 진리를 탐구하는 과학자, 지식을 추구하는 심리학자, 만족할 만한 성과를 좇는 사업가 또한 스스로 리더가 되어 최고의 나를 이끌어낸다. 그렇게 해서 '자기 성장의 달인'이 되면 자연스럽게 '인재 육성'도 할 수 있게 된다.

리더십을 갖춤으로써 나를 성장시킬 수 있다. 실제 리더로서 조직에서 성과를 낼 수 있게 된다. 이것이 이 책에서 전하는 '스탠퍼드식 최고의 리더십'이다. 그리고 그 탐구의 커다란 토대가 되어주는 것이 바로 '심리학'이다.

하버드에서 실시했던 현장 연구가
'리더십×인본주의 심리학'으로 발전

심리학은 리더십의 토대가 된다. 따라서 앞으로 이야기할 리더십에 관한 제언은 지금까지 내가 연구해온 다양한 심리학에 바탕을 두고 있다. 그중 하나가 인본주의 심리학humanistic psychology이다.

하버드 대학교는 미국에서 최초로 심리학부를 창설했다. 나는 1980~1987년에 하버드 대학원에서 공부하고, 학생들을 가르쳤으며, 심리학을 실천하고 연구했다. 당시 하버드에는 사회심리학, 실험심리학, 인지심리학 등 다양한 심리학 연구를 선도하는 교수들이 있었다.

심리학을 공부하면 동기 부여, 자기 관리, 사회의식, 소셜 매니지먼트 등 인간의 행동 메커니즘을 이해할 수 있다. 그런 까닭에 나는 '심리학은 리더십을 연구하기에 가장 좋은 학문'이라고 느꼈다. 특히 내가 공부한 임상심리학은 '이론, 조사, 실험'에 초점을 맞추는 다른 심리학 분야와 달리 '실존하는 인간'이 어떻게 목적과 의의를 찾아내는지 연구하고 검증한다. 게다가 하버드의 임상심리 프로그램은 상당히 독특했다. 다른 대학과 마찬가지로 정신 질환이나 심리 요법도 다루지만, 조직이나 사회 일반에서 정신 건강을 돌보는 방법도 연구했던 것이다. 이를테면 병원이나 학교에서의 카운슬링, 일반 기업이나 군 같은 조직의 컨설팅을 실시한 다음 이것을 학술적 연구로 연결시켰다.

나는 인간 심리를 실천하고 검증하면서 공부할 수 있다

는 점에 강하게 매료되었으며, 하버드에서의 연구를 통해 리더십에서 중요한 것이 인본주의 심리학임을 실감할 수 있었다. 실천을 통해 마음의 메커니즘을 더 깊게 배울 수 있는 인본주의 심리학에는 '주체성'이나 '목표 달성' 같은 리더십과 관련해 필수적인 주제도 가득 있다.

실제로 리더십을 이해하는 데 심리학이 큰 역할을 하고 있다. 내가 일본의 대학원에 해당되는 비즈니스 스쿨에서 가르치는 리더십론도 '비즈니스로 직결되는 것'보다 '심리학적으로 깊게 고찰한 내용'이 점점 많은 비중을 차지한다. 심리학이라는 학문이 '마음의 움직임'이라는 리더가 매일같이 상대해야 하는 현실적인 현상을 다루기 때문일 것이다.

임상심리학으로 현실적인 답을 알 수 있다

물리학, 화학, 생물학 등의 자연과학은 일반적으로 전체를 파악하는 학문이다. 예를 들어 생물학은 환자 한 명의 병을 연구하는 것이 아니라 인간이라는 종의 혈관 구조를 연구한다. 물리학은 양자나 원자의 전반적인 움직임을 연구하지, '한 개인의 몸속에 있는 원자가 어떻게 움직이는가?'를 연구하지는 않는다.

경제학이나 정치학 같은 사회과학도 마찬가지여서 대규

모 조사가 주를 이룬다. '경제 위기가 국민 A를 어떻게 변화시켰는가?' 같은 식으로 개인에게 초점을 맞추지는 않는다.

심리학도 사람의 마음 전반에 관해 연구하지만, 임상심리학은 '개인 한 명의 마음'을 상세히 분석한다. 개인의 마음에 초점을 맞춰 '마음의 활동'이라는 전체상을 밝혀내려는 자세는 프로이트 시대부터 오늘날에 이르기까지 견지되고 있다.

그런 의미에서 임상심리학은 개인의 마음을 연구하는 유일한 학문이라고 할 수 있다. 취미와 생각이 다양화된 오늘날, 개인의 마음을 연구함으로써 얻을 수 있는 것은 매우 많다. 전체보다 한 사람 한 사람에게 초점을 맞추면 사람들의 욕구나 사회의 니즈가 더욱 또렷하게 보인다. 바꿔 말하면, 임상심리학은 현실 세계의 실태에 접근할 수 있는 연구 영역이라고 할 수 있다.

사람이 어떻게 변화하는가? 사람을 어떤 식으로 변화시킬 수 있는가? 이와 같은 임상심리학의 연구는 온갖 연구 분야의 실마리가 될 수 있으며, '비즈니스 현장에서 어떻게 리더십을 발휘해야 하는가?' 같은 실천적인 문제에도 당연히 도움이 된다.

'뇌과학×심리학'이 밝혀낸 새로운 현실

일반적으로 '과학'은 크게 자연과학과 사회과학으로 나뉜다. 자연과학은 이른바 '이과'이고, 사회과학은 '문과'다. 한편 심리학은 이과와 문과의 울타리를 넘나드는 학문으로, 과학적 지식을 받아들이며 발전해왔다.

우리는 오랜 세월에 걸쳐 '마음은 눈에 보이지 않는다'고 여겼다. 그런데 기술이 발달함에 따라 최근에는 뇌에 관한 다양한 데이터를 얻을 수 있게 되었다. 특히 미국에서 뇌의 가소성可塑性에 관한 연구가 활발히 진행되면서 어떤 생각을 하느냐에 따라 뇌가 물리적으로 변화한다고 생각하게 되었다. 여기에서 탄생한 것이 심리학과 뇌과학을 결합시킨 연구다. 이것은 심리학에서도 최신의 경향이라고 할 수 있다.

스탠퍼드에서도 심리학과 뇌과학을 결합시킨 연구가 진행되고 있으며, 이 책에서 소개하는 리더십에도 뇌과학 지식이 담겨 있다.

스탠퍼드 대학교가 창립한 해는 1891년이다. 전통 깊은 명문의 이미지가 있을지도 모르지만, 미국에서는 신참에 속한다. 문학, 철학, 역사 등 오래전부터 있었던 인문 계열의 학문에서는 하버드나 예일이 쌓아놓은 실적이 압도적이며, 후발 주자인 스탠퍼드는 의학 등 이과 계열에 강한 대학교가 되었다. 최근 들어서는 실리콘밸리와 인접한 지리적 이점으로 공학과 컴퓨터과학 등의 수업이 인기를 모으고 있다.

대학에서는 인문 계열에도 힘을 쏟고 있지만, 그래도 이과 대학이자 상과에 부각을 나타내는 대학교다. 그런 까닭에 뇌과학 등의 자료가 방대하게 축적되어 있다. 나는 스탠퍼드에 적을 두고 있는 덕분에 과학과 기술 분야의 연구를 도입해 활용하고 있다.

이 책의 리더십론에는 긍정 심리학positive psychology이나 이야기 심리학narrative psychology 등의 내용도 담겼으며, 일본의 선禪이나 다른 문화에서 받은 영향도 포함되어 있다. 또한 뇌의 층위에서 자신을 바꾸는 과학적 효과가 드러나 실리콘밸리에서도 주목하는 마음챙김의 요소도 도입했다.(내가 적극적으로 연구하고 있는 주제다.)

전통적인 지혜와 과학적 근거를 조합한 '최첨단 리더십'을 알리는 것이 이 책의 역할이다.

리더와 리더십의 관계도

이 책은 0장부터 시작된다. 구체적인 리더십론을 진행하기에 앞서 리더가 마주해야 하는 잔혹할 만큼의 현실을 선입견 없이 머릿속에 담아두도록, 0장에서 집단 심리가 작용하는 현장과 감정에 좌우되는 조직의 특성에 관해 설명했다.

1장에서는 지향해야 할 리더상으로 '적극적 리더'를 소개한다. 왜 적극적 리더를 지향해야 하며 어떻게 적극적이어야 하는지 심리학적 분석과 사례를 제시하며 이야기할 것이다.

2~5장에서는 적극적 리더가 되기 위해 필요한 네 가지 자질을 소개한다. 이 네 가지 리더십을 갖추면 자신을 바꿀 수 있으며 리더로서의 구심력도 갈고닦을 수 있다. 요컨대 최고의 리더가 되기 위한 '도구'인 것이다.

이 리더십들은 전부 내가 스탠퍼드에서 학생들에게 가르치고 있는 것이다. 부디 스탠퍼드의 리더십 수업을 체감하면

그림 ① · '최고의 리더'가 되기 위한 순서 ·

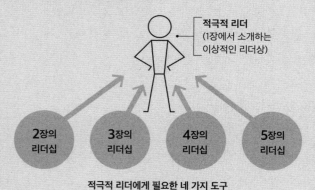

적극적 리더에게 필요한 네 가지 도구

서 자신을 바꾸기 위한 프로그램을 실행했으면 한다.

아인슈타인을 본받는다

나는 리더십 프로그램의 일환으로 'CBT'라는 이론을 종종 사용한다.

- C: cognitive=생각
- B: behavior=행동
- T: therapy=치료(변화)

생각과 행동을 모두 바꿈으로써 자신을 성장시키려는 시도다. 생각만으로는 변화하거나 성장하기 어렵다. 사고방식은 생각만으로는 바뀌지 않는다. CBT는 생각하는 동시에 행동함으로써 사고방식도 행동도 바뀌어가는 선순환을 일으키는 방법이다.

이를 위해서는 심리학적 지식과 근거도 알아야 하기에 이 책에서 이를 충실히 다룰 것이다. 다만 아무리 지식을 쌓고 '우리는 모두 리더야'라고 생각한들 그것만으로는 아무것도 달라지지 않는다. 생각하는 동시에 행동할 때 비로소 변화가 찾아온다.

이 책에 소개된 지식은 서양에서 유래한 것만은 아니다. 예를 들어 CBT 이론 자체는 1960년대에 아론 벡Aaron Temkin Beck이 제창한 것이지만, 그보다 50년 전에 일본의 모리타 마사타케가 이와 매우 유사한 개념인 행동 요법을 만들어낸 바 있다. 현재는 '모리타 요법'이라고 불리는데, 알고 있는 독자도 있을 것이다.

요컨대 수많은 문화나 학문과 마찬가지로 심리학도 동양과 서양의 융합을 통해 발달해왔으며, 나는 여기에 최신 뇌과학을 조합시켰다.

앨버트 아인슈타인은 이렇게 말했다.

"배움이란 경험이며, 그 밖의 모든 것은 단순한 정보에 불과하다Learning is experience. Everything else is just information."

이 말을 본받아 여러분도 리더라는 경험을 쌓기 바란다.

그런 의미에서 이 책은 지식을 담은 책인 동시에 실천서이기도 하다.

스티븐 머피 시게마쓰

1
장
적극적 리더가
사람을 움직인다

2
(장)

사람의 마음을 사로잡는
진정성 리더십

3 장 진정한 신뢰를 얻는 섬기는 리더십

4 장 변화를 가져오는 변혁적 리더십

5
(장)
최선의 관계를 유지하는
벽을 뛰어넘는 리더십

잔혹한 조직

왜 조직에는 '경계선'이 있는가?

STANFORD LEADERSHIP CLASS

멀리하고 싶은 리더

'퍼스트에어 6560편'을 모르는 캐나다인은 거의 없다. 2011년 8월 20일에 추락 사고를 일으킨 항공기의 이름이다. 사고가 일어난 날 오전, 캐나다의 옐로나이프 공항을 출발해 레졸루트베이 공항으로 향하던 소형 전세기 퍼스트에어 6560편은 공항까지 2킬로미터도 남지 않은 지점에서 산지에 추락했다. 이 사고로 총 탑승자 15명 중 12명이 사망했고, 생존자 3명도 중상을 입었다.

사고 후 조종실의 녹음기에 남은 기장과 승무원의 대화를 조사한 결과, 자동 조종 장치가 고장을 일으켰음이 밝혀졌다. 수동으로 조종할 경우에는 콕핏에 탑재된 나침반에 의존하게 되는데, 레졸루트 만은 북극과 가까운 탓에 나침반이 제대로 작동하지 않을 때가 많다. 게다가 그날은 안개가 짙

었고 비도 세차게 내리고 있었다. 그래서 항로가 조금씩 어긋났고, 부기장은 몇 번이나 거듭해서 방향이 틀렸다, 이상하다, 이대로 착륙하는 것은 위험하다고 지적했다. 그러나 자신의 풍부한 경험에 대한 자부심이 컸던 기장은 부기장의 말에 귀 기울이지 않았다. 이 정도 문제는 지금까지 수도 없이 겪었지만 항상 제대로 착륙했으니, 걱정할 필요 없다고 대답했을 것이다.

기장의 자존심도 사고의 한 원인이었을지 모른다. 작은 전세기이든 좌석이 300개에 이르는 여객기이든, 기장은 비행기 내 권력 구조의 정점이며 리더다. 아마도 기장은 자신이 가장 판단력이 뛰어나다고 생각했을 테고, '이 친구가 나보다 더 잘 알 리가 없어'라며 부기장의 말을 무시했을 것이다. 그러나 잘못 판단한 쪽은 부기장이 아니라 기장이었다.

기장은 단순히 잘못된 판단만을 내린 것이 아니었다. 리더로서 옳지 못하게 행동했다.

이 일화는 프랑스국립고등항공우주학교의 이브 파브르의 연구를 통해 더욱 유명해졌는데, 파브르는 또 다른 항공기 사고도 거론했다.

1999년 12월 22일, 런던을 출발해 밀라노에 도착할 예정이었던 대한항공 화물 8509편이 영국을 벗어나기 전에 추락해 승무원 4명이 전원 사망하는 사고가 일어났다. 사고 원인은 기기 고장이었는데, 기장이 고장에 적절하게 대응하며 조종해야 했지만 그러지 못했다. 게다가 모두가 그 사실을 깨달았고 경고음까지 울렸는데도 부기장들이 '기장이 무서워 잘못을 지적하지 못했다'는 사실이 훗날 밝혀졌다.

이 기장은 공군 출신의 '지나치게 강한 리더'로, 그날은 특히 심기가 불편해서 사소한 일로도 승무원들에게 화를 냈다고 한다.

왜 부하는 당신에게 다가가려 하지 않는가?

리더인 당신은 이런 일화를 남의 일일 뿐이라고 생각할지 모른다.

"우리 팀에서 그런 일은 절대 일어나지 않아. 나는 귀를 기울일 줄 아는 상사거든."

"누구나 자신의 의견을 분명하게 말할 수 있는 분위기야말로 우리 회사의 자랑거리라고."

이런 식으로 안심하고 있을지도 모른다. 그러나 여러분의
부하에게 이 일화를 소개하면 다른 감상이 돌아올 가능성이
다분하다.

"흔한 풍경이네. 당시 부기장들이 어떤 기분이었을지 이해가
돼."
"부하의 의견을 전혀 들어주지 않는 건 우리 리더하고 똑같
네."

더 무서운 사실은, 부하들은 절대 리더에 대한 불만이나
본심을 리더에게 알려주지 않는다는 것이다. 부하는 상사가
생각하는 것만큼 어수룩하지 않다.

무조건 자신이 옳다고 믿고 시시콜콜 지시하는 독선적인
리더.
자신이 틀렸는데도 자신감이 흘러넘치는 고집 센 리더.

부하들이 표면적으로는 당신의 지시에 따를지도 모른다.
그러나 이는 조직의 권력 구조 때문일 뿐, 마음속으로는 여

러분을 리더로 인정하지 않는다.

'말을 한다고 해서 달라질 것도 없고 나만 피곤해질 뿐이니, 일단은 시키는 대로 하자.'

'(상사의) 지시대로 기획서를 수정하면 오히려 더 엉망이 될 텐데……. 하지만 내 의견을 말한들 어차피 고집을 꺾을 사람이 아니니 잠자코 지시대로 고치자.'

부하들은 이렇게 체념하는 심정으로 당신이 명령한 업무를 담담히 처리한다. 이들은 가급적이면 당신과 마주치지 않으려고 보고도 최소한으로만 할 것이다. '강한 리더'인 당신에게 혼나는 것이 두려워서 실수를 숨길 가능성도 있다. 그리고 이것이 축적되어 결국 사고가 일어나 거래처를 화나게 하거나, 미연에 방지할 수 있었던 자그마한 문제가 큰 문제로 발전하기도 한다.

운 좋게 문제가 발생하지 않더라도, 지나치게 강한 리더 밑에서 일하는 부하는 조용히 경계선을 긋는다. '이 사람에게는 무슨 말을 해도 소용이 없어', '가급적이면 엮이지 말자'라고 체념하는 것이다. 인사이동을 꿈꾸거나, 이직을 계획하거나, 당신이 실패해서 직장에서 사라지기를 몰래 기대하면서 말이다.

이런 팀이 성과를 낼 수 있을까? 이런 팀을 이끄는 당신이 리더로서 높은 평가를 받을 수 있을까? 무엇보다 당신은 이런 리더가 되고 싶은가?

그 답은 당신도 이미 알고 있을 것이다.

하버드가 지적한 '실패하는 리더의 유형'

리더라는 말을 들으면 누가 떠오르는가? 오다 노부나가나 도쿠가와 이에야스 같은 전국시대의 무장을 떠올리는가? 아니면 부와 명성을 거머쥔 경영자나 창업가를 떠올리는가?

"리더는 카리스마와 결단력을 갖춰야 한다." 미국이든 일본이든, 오랫동안 이런 인식이 있었다. 그러나 지나치게 강한 리더가 자신과 팀을 불행에 빠뜨리는 경우 또한 적지 않다. 실제로 비즈니스 현장에서 사고 항공기의 기장이 저지른 것과 같은 식의 실패를 종종 볼 수 있다. 물론 목숨을 잃는 상황까지는 가지 않지만, 부하뿐만 아니라 리더 자신의 목까지 조른다는 점에서는 전혀 차이가 없다.

사람들을 이끌어야 하는 이상, 리더는 강해야 한다. 그러나 지나치게 강한 리더여서는 안 된다. 그리고 무엇보다도 진정한 강함이란 무엇인지를 먼저 이해해야 한다.

하버드 대학교의 교수였던 리처드 카츠Richard Katz 박사는 40년 전부터 이러한 상황을 경고해왔다. 그는 내가 존경하는 스승인 동시에 나와 함께 책을 내는 연구 파트너이기도 하다.

비행기의 조종실과 유사한 권력 구조가 존재하는 곳으로 의료 현장이 있다. 의료 현장에서 정상에 군림하는 존재는 의사다. 전문성이 필요한 일이므로 최종 판단을 내리는 의사가 책임을 지는 것은 옳으며, 그런 의미에서 의사는 리더라고 할 수 있다.

다만 의사가 올바른 판단을 내리기 위해서는 다양한 '재료'가 필요하다. 이를테면 환자를 가장 많이, 자주 상대하는 간호사나 수천, 수만 건에 이르는 조사 결과를 봐온 임상병리사 등의 의료 기술자가 가진 정보와 경험은 의사가 판단을 내릴 때 유익한 재료임에 틀림없다. 순간적인 판단이 필요한 수술도 성공하려면 집도의뿐 아니라 데이터를 보거나 보조하는 의료 스태프의 협력이 반드시 필요하다.

그런데 의사가 지나치게 강한 리더라면, 간호사나 의료 기술자는 자신이 지닌 재료를 의사에게 보여주지 못한다. '무례한 행동이 아닐까?', '쓸데없는 소리 하지 말라고 혼나지는 않을까?' 하는 생각에 위축되거나 '어차피 듣는 척도 안 할 텐데'라며 지레 포기하고 의사의 의견을 그대로 받아들이게 된다. 그 결과 의료 사고가 일어난다. 리더가 리더의 역할을 하지 못하고 팀이 팀으로서 기능하지 못한 탓이다.

이러한 상황에 대해 카츠 박사는 '취약성vulnerability'이 필요하다고 지적했다. 카츠 박사와 나는 '취약성의 경험The Experience of Vulnerability'이라는 공동 연구를 발표했으며, 나는 그 연구 결과의 실천이라고도 할 수 있는 문화 내러티브 의학Culture Narrative Medicine이라는 코스를 스탠퍼드에 개설했는데, 의사와 의학도가 인간으로서 자신의 취약성이나 실패와 어떻게 마주해야 할지에 관한 내용을 다룬다. 자신의 취약성에 적절하게 대처하는 방법을 배우면 환자의 기분을 이해할 수 있게 되며, 임상의로서의 능력도 좋아진다. 환자뿐만 아니라 간호사 등 의료 스태프의 이야기에도 귀를 기울일 수 있게 된다.

리더는 완벽한 인간이 아니다. 실패도 하고, 잘못도 저지르며, 약점도 있다. 그런 점을 인정할 수 있는 것이 바로 진정한 강함이다.

미국 의료계에서 재고되고 있는 리더의 조건

지금 미국의 의료 현장에서는 '취약성'이 필요하다는 심리학 개념이 퍼져나가고 있다. 이 일환으로 의사의 지시를 무작정 따르는 것이 아니라 사람은 누구나 실수할 가능성이 있음을 인정하고, 모두가 공유하는 체크리스트를 만든다. 그 목록에는 지극히 당연한 것도 있는데, 모두 함께 확인하면 실수로 인한 의료 과실을 미연에 방지할 수 있으며 협력도 수월해진다.

취약성을 보여줄 용기를 가진 의사가 리더라면 강압적인 의사가 권력 구조의 정상에 군림하고 있을 때는 말하기 어려운 것도 말할 수 있게 된다. 그리고 자신의 의견을 솔직하게 말할 수 있는 분위기가 자연스럽게 조성된다. '여기에서는 내 의견을 솔직하게 말해도 괜찮다'고 안심하게 하는 안전지대를 만들면 간호사가 더 적극적으로 발언할 수 있게 되며, 그 결과 더 좋은 아이디어가 만들어지기도 한다. 팀의 분위기가 좋아지면 병변의 발견율이나 수술의 성공률도 높아질지 모른다. 의사 개인으로서도 의료 과실이 없는 편이 당연히 커리어에 도움이 된다.

이것은 의사뿐만 아니라 대부분의 사람에게 해당되는 이야기다. '목표를 달성할 책임이 있다'거나 '성과를 올리고 싶다'고 생각하는 사업가도 '취약성을 인정하는 용기'라는 카츠 박사의 이론을 꼭 기억하길 바란다.

진정으로 강한 리더는 지나치게 강하지 않다. 자신의 취약성을 솔직하게 인정할 줄 안다.

당신은 어떤가? 리더의 모습을 보이려고 애쓴 나머지 지나치게 강한 리더가 되지는 않았는가? 리더로서 특별한 문제는 느끼지 못하는 경우라도, 어느 틈엔가 지나치게 강한 리더가 되지는 않았는지 되돌아볼 가치가 있다.

'왠지 팀원들이 나를 멀리하는 것 같다.'
'회의를 해도 현장에서 좀처럼 의견을 내놓지 않는다.'
'애초에 부하와 접촉하는 시간이 적다.'
'내 지시를 너무나도 담담하게 따른다.'

짚이는 것이 있다면 이따금 취약성을 드러내보자. 실패했다면 변명하거나 은근슬쩍 넘기려 하지 말고 "내가 틀렸어!"라고 깔끔하게 인정하자. 업무에서 자신 없는 분야가 있으면 고개를 숙이고 가르침을 구하자. "새로 생긴 이 시스템 말인데, 잘 모르겠으니 가르쳐주지 않겠나?", "영어에 약해서 그런데, 해석을 도와주지 않겠나?" 이렇게 때로는 부하에게 부탁해 도움을 받자. 리더라고 해서 완벽할 수는 없으므로, 모르는 것이 있다고 해서 부끄러워할 필요는 전혀 없다.

취약성을 보인다고 해서 부하들이 '상사 주제에 이런 것도 모른단 말이야?'라며 무시하지 않는다. 오히려 당신의 솔직한 모습, 구차하지 않은 모습, 정직한 모습을 보고 '신뢰할 수 있는 사람'이라고 느끼게 된다. 아울러 '나도 모르는 것이 있을 때는 물어보면 되겠구나' 하고 안심할 수도 있을 것이다.

조직을 부열시키는 경계선의 존재

너무 우수한 탓에 미움받는다

'리더십을 갖춘다'는 것이 강권적이 되는 게 아니라는 사실은
많은 사람이 이해하고 있을 것이다. 다만 그런 사람들도 무
의식중에 빠지기 쉬운 함정이 있는데 바로 '리더십을 갖추려
면 우수해야 한다'는 생각이다.

오해를 피하기 위해 보충 설명을 하자면, 우수한 사람이
되는 것 자체는 리더십뿐만 아니라 개인의 성장에도 중요한
요소다. 다만 리더의 경우 자신의 우수성을 보이는 데 집착
하는 경향이 있다는 것이다.

그 좋은 예가 '화려한 언변과 전문 용어 남용'이다. 물론
리더에게 화술은 중요한 능력이다. 미국의 대통령에게는 우
수한 연설문 작가가 여러 명 배속되어 일화나 데이터를 연
설에 적절하게 사용하는 방법은 물론이고 농담하는 법까지
지도한다. 기업의 경영자 중에도 전문가에게 화법을 지도받
는 사람이 적지 않다. 미국의 경우는 이런 문화가 완전히 정
착되어 있으며, 일본도 목소리 트레이닝 등을 받는 경영자
가 많아진 것 같다.

지금은 인터넷을 통해 업무 연락을 하는 경우가 많아서,
리더도 문장력을 요구받는다. 그런데도 부하를 격려할 때는

"항상 열심히 일해줘서 고맙네", 부하를 지도할 때는 "자네의 미래를 생각해서 말해주는 건데……" 등등 똑같은 표현만 사용하고 있지는 않은가?

부하는 "알겠습니다"라고 대답하면서도 속으로는 리더의 점수를 짜게 매기는 경우가 있다. 사람에게는 '수동 공격 성향'이라는 심리가 있어서, 적의와 부정을 웃음 뒤에 감춘다. 언뜻 고분고분해 보이지만, 겉으로는 드러나지 않게 공격하는 것이다. 이런 유형의 부하에게 매번 똑같은 메일을 보내는 리더는 위험하다. '도대체 이 말밖에는 할 줄 모르나?', '우리 상사는 문장력이 빵점이야'처럼 '수동 공격'을 당할 우려가 있다.

그래서 그렇게 되지 않도록, 리더로서 존경받기 위해 노력하는 사람도 있다. 다만 존경받을 수 있는 표현에 너무 집착하면 '우수함의 과시'라는 잘못된 방향으로 흘러가고 만다. 그것만큼은 주의하기 바란다.

안타깝게도 대학에서는 전문 용어의 향연이 펼쳐지는 경우가 적지 않다. 전문가 집단인 만큼 대화나 강의뿐만 아니라 짧은 글에도 논문이나 전문 저널에서 사용하는 최신 용어를 남발하는 사람이 있다. 상대가 그런 용어를 알 리 없는데 전문 용어를 쓰는 것은 '나는 머리가 좋아서 이렇게 어려운 말도 알고 있다고'라는 식의 유치한 자기자랑이 아닐까?

메시지를 전달하는 것은 커뮤니케이션의 기본이다. 리더십을 갖춘 진정으로 우수한 사람이 되고 싶다면 '우수함의 과시'를 통해 맛보는 보잘것없는 우월감은 잊어버리는 편이 좋다. 지적 수준이 높은 이야기를 하겠다는 생각으로 전문 용어를 구사하는 것은 오히려 리더로서 단점이 될 뿐이다.

왜 높은 자리에 있는 사람일수록 헤아리지 못하는 것일까?

전문 용어를 구사하는 것에는 우수함의 과시라는 측면 이외에 또 다른 배경이 있다. '내적 지향'이 강하다는 것이다. 그런데 과도한 내적 지향도 리더의 신뢰도를 떨어뜨리는 요인이 될 수 있다.

같은 회사에 소속되어 있다는 연대감, 즉 '동료 의식' 자체는 나쁜 것이 아니다. 그러나 필요 이상으로 회사 내의 사람들끼리만 뭉치면 비즈니스는 정체된다. 비즈니스는 본래 고객과 주주, 사회라는 '외부'를 대상으로 하는 것이다. 그런데 '내적 지향'의 사업가는 회사 내부의 업무나 인간관계를 우선하며, 회사 내부에서나 통하는 전문 용어를 아무렇지도 않게 사용하는 경향이 있다. 물론 어떤 회사, 어떤 업계든 그곳에서만 통용되는 용어는 있다. 그러나 이것이 지나쳐서 마치 암호로 대화하는 것이나 다름없는 경우도 있다.

IT 업계는 독특한 용어를 즐겨 사용하며, 학생들도 독특한 줄임말을 사용한다. 미국의 어번 딕셔너리_{Urban Dictionary} 사이트에서 최신 줄임말이나 유행어를 검색할 수 있다. 내 아들도 내게 문자 메시지를 보낼 때 'OK'를 줄여서 'K'만 보내고는 한다.

학생들이 허물없는 친구 사이에 자신들만이 아는 암호를 사용해 대화하는 것은 아이들이 비밀 기지를 만들어서 노는 것과 비슷한 감각의 즐거운 놀이다. 그러나 사업가, 특히 리더가 '우리끼리만 이해하면 돼' 하는 발상으로 전문 용어를 사용하는 것은 리더의 본분에 어긋난다.

예를 들어 사원들은 이해하지 못하는 자신들만의 은어를 사용해서 대화하는 회사 간부들의 심리에는 지위와 관련된 공고한 특권 의식이 자리하고 있다. '우리가 이해했으면 됐지, 모두가 이해할 필요는 없잖아?'라고 생각하는 것이다. 이런 사람은 정보를 독점하거나, 중요한 사실 또는 커다란 실수를 감추거나, 중요한 프로젝트를 독단적으로 진행하는 잘못된 방향의 강한 리더가 될 수 있다.

내적 지향으로 뭉친 상층부는 자신들끼리만 알아듣는 언어로 대화를 나눈다. 현장도 마찬가지다. 내적 지향으로 뭉친 현장에서는 불만과 울분을 동료들끼리만 이해할 수 있는 표현으로 토로하거나 메시지를 몰래 주고받는다.

이렇게 해서 조직의 분단과 기능 부전이 발생한다. 의사 전달 방식이 이런 상황을 야기하는 것이다.

진짜 문제는 '그것'이 아니다

어려운 말 또는 전문 용어로 우수함을 과시하거나 자신들끼리만 이해하는 용어로 대화하는 것은 분명 조직을 가르는 요인이 된다. 그렇다 하더라도 '알기 쉬운 말을 쓰는 리더가 좋은 리더'라는 단순한 결론에 이르지는 않는다. 알기 쉽게 말하는 것은 중요하지만, 가장 중요한 점은 '단순명쾌한가?'가 아니라는 말이다.

예를 들어 트럼프 전 대통령이 구사하는 어휘가 상당히 적다는 것은 익히 알려진 사실이다.

"We had very very good meeting."
"It's going to be great, everyone will love it!"

분명히 단순명쾌하며, 이보다 더 이해하기 쉽게 말하기는 어렵다. 그러나 문제는 내용이 없다는 것이다. 어떤 이유로 회의가 의미가 있었는지, 회의에서 무슨 이야기를 했고, 무엇이 결정되었으며, 무엇이 현안으로 남았는지 전혀 알 수가 없다.

리더십을 발휘하기 위해 중요한 것은 첫째가 내용이며,

그다음이 화법이다. 이 순서를 착각해서는 안 된다. 어려운 말을 쓰지 않고 이해하기 쉽게 말하지만, 이야기에서 그만의 독자적인 지식과 지성이 느껴지는 사람이 바로 구심력 있는 리더라고 생각한다.

의사 전달 방식과 관련된 '내러티브 심리학'에 관해서는 4장에서 상세히 설명할 것이다.

_____ '플레잉 매니저'의 문제

자신의 이익을 우선한다

일본에서 리더의 위치에 있는 사람은 대다수가 플레이어 겸 리더, 즉 '플레잉 매니저'라는 이야기를 자주 듣는다. 그런 까닭에 리더와 팀원의 거리가 미묘하게 가깝다. 그래서 일본의 리더는 부하를 어떻게 상대해야 할지 끊임없이 고민하며, 그 결과 필요 이상으로 강하게 행동하는 사람이 나오는 것인지도 모른다.

게다가 플레잉 매니저는 회사로부터 리더로서의 업무와 개인의 업무 모두 성과를 내라는 압박을 받기 때문에 자신도 모르게 잘못된 방법을 선택하곤 한다. 플레잉 매니저 중에는 '나를 중심으로 팀을 움직이자'고 생각하는 사람도 존재한다. '내가 성과를 올리는 것이 곧 조직을 위한 일이기도 하다'라는 발상에 빠지는 것이다.

경제학에 '낙수 이론trickle-down theory'이라는 것이 있다. '부유층이 더 부유해지면 빈곤층에도 부가 침투해서 전체가 풍요로워진다'는 생각이다. 구체적으로는 기업이나 부유층을 우대하는 경제 정책이 고용 증가를 낳거나 경제적인 파급 효과를 불러온다는 논리인데, 실제로는 양극화를 더욱 심화시킬 뿐이라는 비판도 있다.

경제학은 내 전문 분야가 아니지만, 부자가 부를 똑똑 떨어뜨리면 빈곤층이 윤택해질 것이라니, 왠지 오만의 상징처럼 느껴진다. 글로벌 경제하에서 지나치게 강한 리더는 '권력 구조의 낮은 곳에서 일하는 사람들에게는 최소한의 분배만 하면 된다'고 생각한다. 최저임금을 보장하는 것만으로 충분하다고 생각하며, 그 사람들이 돈을 벌거나 풍요로워질 방법은 조금도 생각하지 않는다. 이것이 양극화 사회의 구조다.

사람들의 마음이 떠나게 만드는 '낙수 상사'

이는 거대 글로벌 기업이나 국제 사회 같은 '구름 위'의 사람들에게만 국한되는 이야기가 아니다. 지나치게 강한 리더는 작은 팀에도 낙수 이론을 도입할 위험성을 내포하고 있다.

혹시 주변에 이런 사람이 없는가? "내가 실적을 올리면 팀 전체에 이익이 돼"라며 자신의 업무를 중심으로 모든 것을 진행하려 하는 리더, 부하들은 회식에 마지못해 참석하고 있는데 '리더인 내가 즐거우면 그 기분이 전염되어서 모두가 즐거워질 거야'라는 자기중심적 발상을 하는 상사, 먼저 자신이 성공하고 '아주 조금' 배분하는 것이 공평하다고 생각하는 경영자 말이다. 매출이 좋아지거나 주식 매각 등으로 자산이 불어나도 자신의 배를 불리는 것이 우선이며, 사원에게는 쥐꼬리만큼만 환원한다. 이래서는 수억 달러를 벌더라도, 법률적으로는 잘못한 것이 없다고 해도, 진정한 리더라고 말할 수 없다. 오히려 구심력이 있는 리더와는 거리가 먼 사람이라고 할 수 있다.

리더란 자신의 이익을 꾀하는 데만 집착하지 않고 전체의 이익을 배려하는 사람이다. 사람을 움직이려면 마음을 사로잡아야 하는데, 팀원이 풍요로워지거나 성장하는 데 공헌하려 노력하는 '인간미 있는 리더'가 아니면 사람의 마음을 끌어당기지 못할 것이다. 심리학적 측면에서 리더에게 필요한 것은 공감하는 힘이지, 이기적인 생각을 확장시키는 힘이 아니다. 낙수 이론이 성립할 리가 없는 것이다.

이와 관련해 카츠 박사와 나의 공저 《시너지, 힐링, 권한: 문화적 다양성으로 인한 통찰Synergy, Healing and Empowerment:

Insights from Cultural Diversity》에서 '리더십에서의 상승효과'에 대해 논했다. 리더가 개인의 성과가 아닌 팀 전체의 성과에 초점을 맞추면 결과적으로 몇 배 높은 성과가 나온다는 심리학 연구다. 이런 식으로 개인으로서도 팀으로서도 성과를 높이는 것은 이 책에서 다루는 이상적인 리더인 적극적 리더의 방식이다.

1장부터는 리더 개인의 성과와 팀 전체의 성과를 양립시키기 위한 방법을 구체적으로 설명할 것이다. 그러니 부디 그 길로 나아가길 바란다. 다만 그전에 지금 당신 팀의 문제점을 조금 더 점검하고 넘어가도록 하자. 부정적인 이야기도 많겠지만, 어떤 부상을 입고 있는지 상처를 자세히 조사하지 않고서는 적절한 치료를 할 수 없다. 리더에 대한, 때로는 잔혹하다고도 할 수 있는 팀의 감정을 심리학적으로 살펴보자.

팀은 '감정적 생물'이다

'어디에 속해 있는가?'에 따라 사람의 기분은 바뀐다

사람을 상대하는 것이 서툴거나 부담스럽지는 않은데 리더로서 팀을 이끌기가 힘들다고 생각한다면, 그것은 리더가

'개인의 심리'뿐만 아니라 '팀의 심리'도 마주해야 하기 때문이다. 먼저 이 점을 고찰해보자.

- 개인적으로는 그다지 흥미가 없었던 축구 경기를 보러 갔는데, 너무나도 열정적으로 응원하는 사람들 사이에 있다 보니어느새 나도 열심히 응원하고 있었다.
- 나 혼자였다면 절대 하지 않을 행동도 팀원들이 전부 하면나도 모르게 하고 만다.

혹시 이런 경험을 해본 적 있는가? '집단 심리' 혹은 '군중심리'라는 것으로, 프랑스의 사회심리학자인 구스타브 르 봉 Gustave Le Bon 박사가 19세기 말에 정의했다. 르 봉 박사는 집단에 있으면 개인은 변한다고 말했다. 자라온 환경이나 교육 등을 통해서 형성된 '그다움'이 집단 속에서는 희미해지는 것이다.

그렇다면 그 요인은 무엇일까? 르 봉 박사는 수, 전염, 암시를 꼽았다. 사람의 수가 늘어나면 감정이나 사고방식이 전염되어 모두 똑같은 기분이 된다. 또한 집단은 최면 상태에 놓인 것처럼 쉽게 암시에 걸린다.

팀에 속한 사람들이 똑같은 감정이 되거나 사고방식이 비슷해지는 배경에는 집단 심리가 있다. 개성이 사라지고 스스로는 판단하지 못하게 되어 암시에 걸리거나 휩쓸리기 쉬워지는 것이다.

합리성이 아닌 '컬트성'이 지지 여부를 결정한다

또한 르 봉 박사는 "집단은 진리를 추구하기보다 착각을 원한다"라는 충격적인 지적을 하기도 했다. '올바름'은 뒷전이라는 것이다.

영업에서 확실하게 실적을 낼 수 있는 비결이든, 성공적인 삶을 사는 방법이든, 물리학의 법칙이든, 본래 '정답'은 자신의 머리로 생각해야 찾아낼 수 있다. 그런데 집단 속에 있어서 개인으로서의 사고력이 '절전 모드'도 아니고 '최대 절전 모드'가 되면, 자신의 머리로 생각해 정답을 찾아내기가 어려워진다. 그러나 사람은 사회생활을 하려면 일을 해야 하며, 그러려면 행동을 위한 지침이 필요하다. 그래서 집단은 카리스마 있는 리더를 원한다.

"이렇게 하면 반드시 성공할 수 있어!"

간결하고 이해하기 쉬운 말로 '계속 이대로만 하면 돼'라는 착각을 불러일으키는 카리스마 있는 강한 리더를 원하는 것이다.

• 개인으로서는 현명한 사람이 어째서인지 '사이비 종교의 교

주'를 따른다.

- 지극히 상식적이었던 시민이 '위험한 정치사상을 가진 리더'
  에게 열광한다.
- 배려심 있는 사원이 사장의 명령으로 '유통기한이 지난 식품'
  을 출하한다.

이런 사례는 전부 집단 심리가 작용한 결과다. 심리학 연구에서는 '집단 심리가 업무 성과에도 영향을 끼친다'는 결과가 나오고 있다. 리더에게 결코 남의 일이 아닌 것이다.

집단 심리에 사로잡힌다는 것은 자신을 잃어버린다는 뜻이다. 한 사람 한 사람이 자립하고 자신의 정체성을 갖는 "우리는 리더다"라는 스탠퍼드의 리더십과는 정반대다. 그러니 그렇게 되지 않도록 리더로서 팀을 확실히 이끌기 바란다. 더불어 집단 심리를 인간이라면 누구나 지니고 있는 취약성으로 인식할 필요가 있다. 그렇게 인식한 상태에서 '수'를 써야 한다.

프로이트는 "집단 심리는 인간의 가장 오래된 심리"라고 말했다. 집단 심리는 인류가 동굴에서 생활하던 무렵부터 존재해왔다는 것이다. 즉, 집단 심리와 개인 심리를 모두 이해하지 않고서는 인간의 마음을 이해할 수 없다. 인간의 마음을 이해하지 못하면 사람을 움직일 수 없으며, 진정한 리더십을 갖추지 못할 것이다.

리더의 '훌륭한 생각'은 이해받지 못한다

개인의 '그다움'이 희미해지고 팀 전체가 마치 생물처럼 하나의 '성격'을 갖는다는 집단 심리를 다른 각도에서 바라보면 "집단의 구성원 사이에서 생각이나 감정이 전염된다"는 말이 된다. 생각이나 감정이 전염된다고 하니 마치 바이러스 같지만, 공기나 물에 닿으면 감염력을 잃는 HIV 바이러스와 공기 속에 떠도는 타액으로도 감염되는 인플루엔자 바이러스의 감염력이 크게 다르듯이, 생각과 감정도 감염력에 차이가 있다.

집단이 생각을 공유하기 위해 가장 중요한 것은 말이다. 그런 까닭에 리더에게는 알기 쉽게 말하는 능력이 중요하다. 그러나 생각의 전염력은 비교적 약하다. 한편 집단이 감정을 공유하는 데는 말이 필요하지 않다. 감정은 표정, 몸짓, 목소리의 어조 등 비언어적인 정보를 통해서도 전염된다.

또한 말이라는 수단을 통해 생각이 전염되는 데는 시간이 걸리지만, 감정의 전염은 의식하지 않아도 자연스럽게, 순식간에 확산된다. 싱글싱글 웃으면서 수동 공격을 하는 부하의 태도나 감정도 전염되기 때문에 대단히 무섭다.

사람의 기분은 쉽게 감염된다. "나는 즐거워서 견딜 수가 없어"라고 누군가가 말하는 것을 듣고 "나는 즐거워서 견딜 수가 없어"라고 앵무새처럼 되뇐들 기분이 즐거워지지는 않는다. 그러나 싱글벙글 웃는 사람의 표정을 보면 감정의 정보가 '거울 뉴런'이라는 신경세포에서 뇌나 근육, 장기와 같은 몸의 조직으로 전달되며, 그 결과 원래 그다지 즐거운 기분이 아니었더라도 웃고 있는 사람과 같은 기분이 된다. 이것은 과학적으로도 판명된 사실이다.

긍정적인 감정이라면 팀 내에 널리 전염시켜야겠지만, 팀원 한 명이 품은 리더에 대한 불신감도 다른 사람에게 전염된다는 사실에 주의해야 한다. '저 사람은 글러먹었어'라는 혐오감에 어느새 주위가 동조해 그것이 '팀의 목소리'가 되는 것이다. 이렇게 해서 리더를 적으로 간주하는 심리 구조가 조용히 형성된다.

한 사람의 의견이 어느 순간 '전원의 의견'으로 둔갑한다

예일 대학교의 시걸 G. 바세이드Sigal G. Barsade 박사는 감정의 전염에 관해 재미있는 실험을 했다. 비즈니스 스쿨의 학생 94명에게 지금 어떤 기분인지 설문 조사에 답하게 한 다음 이들을 2~4명씩 29개 그룹으로 나눴는데, 이때 실험에 협력하는 바람잡이를 모든 그룹에 섞어놓았다. 그룹이 완성되자 박사는 다음과 같은 과제를 부여했다.

지금 여러분은 다양한 부서의 리더로서 보너스를 결정하는 간부 회의에 참석하고 있습니다. 회사 전체의 보너스 예산은 이미 정해져 있으며, 회의의 목표는 두 가지입니다.

① 자신의 부하가 더 많은 보너스를 받을 수 있게 할 것

② 간부로서 예산을 효율적으로 사용해 회사 전체에 이익이 되도록 할 것

①과 ②를 달성하기 위한 시책을 3분 동안 발표하십시오.

각 그룹에서 바람잡이가 제일 먼저 프레젠테이션을 했는데, '명랑하고 기분이 고양된 모습', '적의를 숨기지 않으며 짜증을 내는 모습', '온화하고 따뜻한 모습', '나른하고 축 처진 모습'이라는 네 종류의 태도 중 한 가지가 명백하게 드러나도록 연기했다.

프레젠테이션이 끝난 뒤, 비디오 촬영과 실험 종료 후의 설문 조사를 통해서 알게 된 사실은 '집단에 감정이 전염되었다'는 것이다. 바람잡이가 명랑하고 고양된 모습으로 첫 번째 프레젠테이션을 하자, 팀 전체가 명랑하고 기분이 고양된 모습으로 프레젠테이션을 했다. 1번 타자인 바람잡이가 적의를 숨기지 않으며 짜증스러운 태도로 프레젠테이션을

한 그룹은, 그 영향으로 모두가 불쾌한 기분이 되었다. 고양된 기분과 축 처진 기분 모두 같은 수준으로 전염된다는 사실도 알게 되었다. 긍정적인 감정의 감염력과 부정적인 감정의 감염력에 차이가 없었던 것이다.

다만 긍정적인 바람잡이의 영향을 받은 팀은 협력적이어서 "시스템부가 보너스를 2만 달러나 받으면 다른 부서가 받는 액수가 너무 줄어드니 조금 줄이자"와 같이 합리적으로 조정해 각 부서의 보너스 금액을 비슷하게 설정했다. 부서 사이의 알력도 없었고, "시스템이 잘 팔린 것은 영업부와 마케팅부가 애써준 덕분"이라는 등 타인을 긍정적으로 평가하는 현상도 볼 수 있었다.

긍정 심리학 연구에서는 긍정적인 감정이 복잡한 문제를 해결하거나 논리적으로 가설을 세우는 등 머리를 쓰는 인지적 능력을 높인다는 사실이 밝혀졌다. 이러한 사실에 입각하면, 의욕, 명랑함, 배려심 등 긍정적인 감정이 자연스럽게 전염되어 순식간에 긍정적인 팀이 된다면 그보다 좋은 일은 없을 것이다. 리더에 대한 팀원들의 인상도 좋아질 것이다. 그러므로 3장에서 소개하는 긍정 심리학을 적극적으로 이용하기 바란다.

그리고 이와 동시에 '감정이 항상 긍정적일 수는 없다'는 가혹한 현실도 받아들이도록 하자. 단 한 사람의 불쾌한 기분에 팀 전체가 쉽게 영향을 받으니 말이다.

집단 심리에 휩쓸리기 쉬운 일본인

예일 대학교의 사회 심리학자인 어빙 재니스Irving Janis 박사는 집단 심리가 강해지는 요소로 다음의 세 가지를 꼽았다.

① 그룹의 구성원들이 '비슷한 배경'을 갖고 있다.
② '외부의 의견'을 받아들이지 않는다.
③ 의사 결정을 위한 '규칙'이 정해져 있지 않다.

이 세 가지 조건에 해당되는 집단은 개인의 의견이 사라지고 집단 심리에 빠져버리는데, 여기에서 "일본인은 집단 심리에 휩쓸리기 쉽다"는 가설을 유도할 수 있다.

일본 기업의 경우, 구성원의 압도적 다수가 일본어를 사용하는 일본인이다. 대부분의 사원이 대학교를 졸업했고, 비슷한 선택지 속에서 취직했다. 성장한 환경의 차이도 크지 않을 것이다. 즉, "그룹의 구성원들이 '비슷한 배경'을 갖고 있다"는 ①의 조건에 해당된다. 또한 최근에는 상당히 바뀌었다고 하지만, 기본적으로 일본인은 이직이 활발한 미국과 달리 회사에 대한 귀속 의식이 강하다. 경영자가 아닌데도 "우리" 혹은 "우리 회사"라는 말을 자연스럽게 쓴다.

그리고 일본 기업은 적극적으로 '외부의 의견을 받아들이지 않는' 비율이 높다. 무엇인가를 결정할 때 컨설턴트 등 외부 의견을 구하는 경우가 적으며, 구하더라도 '시험 삼아' 해보거나 '크고 특별한 프로젝트 한정'일 때가 많다.

'의사 결정을 위한 규칙'이 정해져 있지 않은 경우도 많다. '전례대로', '사장의 지시대로' 하는 편이다.

이렇게 보면 일본은 집단 심리에 사로잡히기 쉬운 토양이 형성되어 있다. 그렇다고 해서 포기해서는 안 된다. 그럴수록 일본의 리더는 의식적으로 집단 심리에 사로잡히지 않는 팀을 만들고 운영해야 한다. 이것도 적극적 리더가 해야 할 일임을 잊지 말기 바란다.

현장에서는 '현상 유지의 관성'이 작용한다

관성 탓에 '지금까지와 같이'라고 생각한다

'팀은 감정적으로 움직인다고 하는데, 우리 회사는 좀처럼 변하지를 않아.'

조직에서 일하는 사람 중에는 이렇게 느끼는 사람도 많을 텐데, 여기에도 심리적 요인이 있다. 행동경제학에서 사용하는 용어인 '현상 유지 편향'이 작용하기 때문이다.

보스턴 대학교의 윌리엄 새뮤얼슨Willam Samuelson 박사와 하버드 대학교의 리처드 제크하우저Richard Zeckhauser 박사가 1988년에 제창한 '현상 유지 편향'은 경제학과 심리학의 측면에서 인간의 의사 결정을 분석한 것으로, 간단히 말하면 '사람은 새로운 선택지를 회피하는 경향이 있다'는 이야기다.

예를 들어 시장 선거가 '현직 시장 대 새로운 후보'의 구도일 경우 많은 사람이 현직 시장을 선택한다. 사람은 '지금까지와 같이'를 선호하는 것이다.

현상 유지 편향은 양자택일일 때도 작용하지만, 선택지가 늘어날수록 더 강해진다. 가령 어떤 회사에서 뜨거운 커피와 차가운 커피라는 두 가지 선택지밖에 없었던 커피메이커를 새것으로 바꿨다고 하자. 새로운 커피메이커에서는 그것 말고도 에스프레소, 카페라테, 코코아도 선택할 수 있지만, 많은 사람이 그전까지 선택했던 커피를 고른다. 식품이든 의류품이든 전통적인 인기 상품이 강세를 보이는 현상도 이것으로 설명할 수 있다. 선택지가 증가하면 실패를 두려워하는 심리가 민감하게 발동해서 현상 유지 편향이 한층 강해지는 것이다.

일방적인 지시는 반감을 산다

나 또한 실제 비즈니스 현장에서 현상 유지 편향에 직면한 적이 있다. 2004년, 미 해병대에서 전화가 걸려 왔다. 일본 주재 스태프를 위해 이문화 이해 트레이닝을 실시해줬으면 좋겠다는 의뢰였다. 내가 일본과 미국 양쪽의 문화를 알고 있는 심리학자라서 의뢰한 듯했다.

구체적으로는 "미국 군인과 기지에서 함께 일하는 일본인 스태프 사이의 벽을 허물었으면 좋겠다"는 내용이었다. 매니저로서 기지에 부임한 미국인은 이런저런 규칙과 업무 방식을 바꾸려 한다. 그것이 군에서 받은 임무이기 때문이다. 또한 전임자의 방식이 자신의 방식과 대체로 다르다는 것도 한 가지 이유다. 그리고 여기에 군대라는 특성이 더해진다. 군이라는 국가 안전 보장의 최전선에 위치한 조직은 장비나 비상시의 행동 등 온갖 측면을 끊임없이 업데이트해야 한다. 따라서 새로 부임한 관리직이 현장을 바꾸려는 것도 논리적으로는 옳다고 할 수 있다.

그런데 미군 기지라고는 해도 일본에 있는 이상, 현장에서 일하는 사람은 대부분 일본인이다. 일본인 직원들은 그런 임무를 부여받지도 않았을 뿐만 아니라 지금의 방식에 오랫동안 익숙해진 상태다. 그래서 현상 유지 편향이 작용해 매니저의 개혁에 반발한다. 하물며 미군 기지의 경우, 매니저의 부임 기간은 2년에서 3년 정도다. 얼마 안 있어 또 새로운 매니저가 올 텐데 '그때마다 업무 방식이 바뀌는 건 싫다'는 마음도 있을 것이다.

심리학자의 처지에서는 양쪽의 불만이 모두 수긍되었고, 조직을 운영한다는 것이 참 어려운 일임을 실감했다.

어쨌든 사람은 변화를 두려워한다. 특히 '변화를 부여받은 사람'은 그런 심리가 강하게 나타나기 쉽다. 또한 잠재의식 속에 자리한 변화에 대한 공포도 변화를 거부하는 데 영향을 끼친다. 먼 옛날 살아남기 위해서는 큰비도 내리지 않고 맹수에게 습격당하는 일도 없이 '어제와 다르지 않은 오늘, 오늘과 다르지 않은 내일'을 맞이하는 것이 최선이었는데, 변화에 대한 공포는 그 시절의 잔재라 할 수 있다.

그래서 팀은 일단 만든 규칙을 바꾸고 싶어 하지 않으며, 리더가 그것을 바꾸려 하면 "현장을 모른다", "현장의 의견을 무시하고 멋대로 결정한다"라며 반기를 든다. 팀이 리더에게 혐오감을 품으면 '집단 심리'와 '현상 유지 편향'이 상승효과를 일으켜 그 평가를 바꾸기가 매우 어려워진다. 리더로서는 골치 아픈 상황이 되는 것이다.

현실적인 '최선책'은 무엇인가?

끓는 물 속의 개구리 같은 팀이 되어서는 안 된다

개구리 여러 마리가 몸을 담그고 있는 미지근한 물을 가열하면 시간이 지남에 따라 물은 점점 뜨거워지지만, 현상 유지를 좋아하는 개구리는 움직이지 않는다. 그냥 뛰쳐나오면 되는데 옆에 있는 개구리도 함께 몸을 담그고 있으니 괜찮을 거라고 생각하는 것이다. 물 밖으로 나간다는 '변화'가 두렵기 때문이기도 하다. 그러다 물이 더욱 뜨거워져서 '계속 있으면 큰일 나겠어!'라고 생각할 때는 이미 늦었다. 물은 펄펄 끓고, 개구리들은 전부 죽고 만다. 조금만 용기를 내서 변화에 대한 두려움을 극복하고 뛰쳐나갔다면 살 수 있었을 텐데 말이다.

많은 심리학자가 인간이 집단이 되면 변화를 더 강하게 거부하는 성질에 관해 고찰하고 있다. 변화를 두려워하는 팀은 '모두와 함께라면 괜찮아'라고 생각하다가 끓는 물 속의 개구리처럼 모두 죽을 위험성에 직면하고 만다. 그런 까닭에 변화를 촉구하는 것은 리더의 중요한 역할이다. 또한 팀의 일원 한 사람 한 사람도 "물에서 나오지 않으면 위험합니다!"라고 현재의 위기를 용기 있게 지적하면서 제일 먼저 뛰쳐나가는 리더십을 발휘해야 할 것이다.

리더는 물론이고 팀원들도 리더십을 발휘하는 조직이야말로 현상 유지 편향을 극복하고 위기에서 탈출하며, 성과를 더욱 확대시킬 수 있다.

현장은 언제나 불확실하고 모호하다

내가 처음으로 스탠퍼드 대학교 교단에 선 것은 도쿄 대학교에서 일할 때였다. 당시 안식년 중이었던 나는 의학부에서 이문화 간 의료에 관해 강의를 해달라는 의뢰를 받고 객원 교수가 되었다.

미국에서 의료 종사자가 되면 동료나 환자 중에 인종이나 국적 등 배경이 다른 사람과 만나게 마련이다. 그들과 원활히 커뮤니케이션을 하고 적절하게 이들을 처치하려면 다양한 문화를 알아둬야 한다.

고민 끝에 나는 기모노를 입고 일본어로 강의하기로 했다. 내가 교실에 들어가 일본어로 학생들에게 말하기 시작하자 모두 경직되었다. 내가 교원임은 금방 알았을 것이다. 얼굴에 웃음을 띠면서 이야기했으므로 적의가 없음도 전해졌을 터다. 그러나 미국 학생들에게 '기모노 차림의 교원'은 위화감 그 자체였다. 그 위화감 덩어리가 아무도 알아듣지 못하는 일본어로 이야기를 꺼냈으니. 아니나 다를까, 학생들의 얼굴에는 '호기심' 또는 '당혹감'이 떠올랐다. 대체 어떻게 된

일인지 고민하는 모습도 엿보였다.

이윽고 내가 영어로 "자네들, 괜찮은가?"라고 묻자, 학생들의 얼굴에 비로소 웃음이 돌아왔다. 학생들은 혼란스러웠다, 흥미를 느꼈다, 불안했다 등 솔직한 감상을 늘어놓았다.

예상치 못한, 혹은 이해가 불가능한 상황에 직면했을 때 느끼는 불안감이나 초조함을 심리학에서는 '혼란스러운 딜레마disorienting dilemma'라고 한다. 내가 불확실하고 모호한 상황을 의도적으로 만들어낸 이유는 이것이 장래에 그들이 마주할 현실이기 때문이다. 그들은 의학부 학생이므로 의료 현장에서 일할 텐데, 의료 현장에서는 예상치 못한 일이 잇달아 일어난다. 아니, 정확히 말하면 의료 현장뿐만 아니라 모든 현장은 불확실하고 모호하다. 이만큼 과학 기술이 발전했는데도 우리가 예상하지 못한 일은 반드시 일어난다. 기후 변화, 재해, 전쟁, 금융 위기가 완전히 예상 범위 안에서만 일어나는 시대는 아직 먼 미래며, 정말로 먼 미래일지 어떨지도 확실히 알 수 없다. 또한 과학 발전이나 기술 개발이 예상 범위 안에서 진행되는 것도 아니다. 과거를 돌아보면 알 수 있듯이, 커다란 발명은 우연이 작용해서 어느 날 갑자기 탄생하는 일도 적지 않다.

변화를 두려워하는 것은 개구리만이 아니다. 변화에 대한 두려움은 인간 역시 먼 옛날부터 지닌 심리인데, 그래도 우리는 도전해야 한다. 그러지 않으면 어떻게 될지 알 수 없는 불확실하고 모호한 세계에서 언제 패배자가 되더라도 이상하지 않기 때문이다. 본래 마구馬具를 만들던 프랑스의 고급 브랜드 에르메스가 가방과 여행용품을 취급하면서 살아남았듯이, 독보적인 브랜드를 구축한 역사 깊은 기업은 모두 작은 변화를 거듭해 새로운 시대에 적응하면서 비즈니스를 지속하고 있다.

리더십을 발휘해 팀을 변화시키면서 이 불확실한 세계에서 살아남기 위해서는 먼저 리더 자신이 끊임없이 변화하는 모습을 보여야 한다.

리더십을 '하나씩 갖춰나간다'고 생각한다

지금까지 오래된 유형의 강한 리더와 팀이 지니는 집단으로서의 성질에 관해 심리학 측면에서 살펴봤다.

지나치게 강한 리더는 연공서열의 영향을 받은 과거의 산물이다. '리더와 추종자'라는 구조는 무너졌고 이제 우리는 집단 심리가 꿈틀대는 가운데 불확실하고 모호한 시대를 살아야 한다. 이런 시대에 한 사람 한 사람이 리더십을 발휘해 상황에 적절히 대응해나가려면 다음의 네 가지 요소에 입각한 리더십이 중요하다.

① 적극적인 리더에게 필요한 '개인으로서의 토대'

　　→ 진정성 리더십Authentic Leadership

② 부하를 밀어주는 '겸손함'

　　→ 섬기는 리더십Servant Leadership

③ '자신의 힘으로 바꿀 수 있는 것'을 바꿔나가는 용기

　　→ 변혁적 리더십Transformative Leadership

④ 사람, 물건, 가치관 등 다양한 '차이(다름)'를 이해하는 지혜

　　→ 벽을 뛰어넘는 리더십Cross-Border Leadership

　나는 리더십을 공부하는 학생들에게 이 네 가지를 소중히 여기라고 가르친다. 리더십을 갖추는 데뿐만 아니라 인생의 지침으로도 도움이 된다고 생각하기 때문이다.

　네 가지 리더십을 갖추면 이 책에서 이상으로 삼는 '최고의 리더'가 될 수 있다. 바로 취약성을 인정하면서도 적극성을 발휘해 자신과 팀을 바꿀 수 있는 '적극적 리더' 말이다.

　1장에서는 어떻게 해야 적극적 리더가 될 수 있는지 방법론을 소개하기에 앞서, 왜 적극적 리더가 최고의 리더인지, 어떤 인물이 적극적 리더인지에 관해 이야기하려 한다. 리더뿐 아니라 팀원 한 사람 한 사람이 도달해야 할 모습을 살펴보자.

적극적 리더가
사람을 움직인다

STANFORD LEADERSHIP CLASS

힐러리 클린턴
주머니 속 자아와 겸손

2016년 미국 대통령 선거를 아직 생생하게 기억하는 사람도 많을 것이다. 민주당에서 출마를 표명한 힐러리 클린턴Hillary Rodham Clinton은 제42대 미국 대통령 빌 클린턴Bill Clinton의 배우자이자, 오바마 정권에서 국무장관을 역임한 인물이다. 그리고 공화당에서 출마한 도널드 트럼프가 선거에서 승리해 대통령이 되었다.

미국 대통령 선거에서 텔레비전 토론회가 갖는 영향력은 매우 크다. 힐러리와 트럼프는 후보자로서 경제 정책과 의료보험, 러시아 의혹에 이르기까지 매우 다양한 주제를 놓고 열띤 토론을 벌였는데, 그 가운데 '겸손함'이라는 관점에서 대통령 선거에 관해 이야기한 어느 텔레비전 방송의 한 장면이 지금도 머릿속에 강하게 남아 있다.

2016년 2월 3일, 뉴햄프셔주에 있는 유대교 사원의 랍비인 조너선 스피라 사베트Jonathan Spira-Savett는 CNN의 한 방송에서 힐러리에게 이런 질문을 던졌다.

심차 부님Simcha Bunim이라는 랍비는 이런 말을 남겼습니다. "모든 사람은 두 개의 주머니를 갖고 있으며, 그 주머니에는 각각 다른 글귀가 적힌 종이가 들어 있다. 한쪽 주머니에는 '이 세상은 나를 위해서 만들어졌다!'라는 글귀가, 다른 한쪽 주머니에는 '나는 죽으면 재가 되어버리는 작은 존재다'라는 글귀가 적혀 있다."

잠시 이 이야기에 관해 생각해보시기 바랍니다. 당신은 대통령 후보로서 어떻게 생각하십니까?

이 자유로운 나라의 리더가 될 인물이라면 강한 자아가 필요합니다. '이 세상은 나를 위해 만들어졌다!'라는 흔들림 없는 자신감이 필요하지요. 한편으로, 대통령은 온갖 일에 책임을 져야 하지만 모든 기대에 완벽하게 부응하기는 불가능합니다. 다른 한쪽 주머니의 종이에 적혀 있듯이 인간은 모두 작은 존재입니다. 다시 말해 '나도 불완전한 인간에 불과하다'라고 자각하는 겸손함이 필요한 것입니다.

당신은 이 두 개의 주머니에 관해 어떻게 생각하십니까?

강한 자아가 나쁜 것은 아니다. 자신감과 강함이 없다면 리더가 될 수 없다. 그러나 자아는 내버려두면 점점 거대해진다. 따라서 스스로 작은 존재임을 인식하지 않으면 겸손함과 균형을 맞출 수 없는 것이다.

힐러리는 랍비에게 "매일 두 주머니를 생각하면서 균형을 잡으려고 노력하고 있습니다"라고 대답했다.

강한 자아와 겸손의 균형을 맞추기는 매우 어렵다. 중요한 것은 어렵다는 사실을 의식하면서, 매일 지속적으로 노력하는 일이다. 그래도 때로는 균형이 무너질 것이다. 그러나 균형을 맞추기 어렵다는 사실을 알고 균형을 유지하려고 노력하는 것이야말로 구심력 있는 적극적 리더가 되기 위해 꼭 갖춰야 하는 자세가 아닐까 한다.

적극적인 사람이 되라

스탠퍼드와 컬럼비아 대학교가 낸 결론

심리학적으로 보면 리더는 적극적이어야 한다. 적극적 리더 Assertive Leader의 'assertive'는 직역하면 '주장형主張型'이며, '적극성'이라는 의미도 있다. 그리고 항상 적극적으로 행동하기보다 적극적인 사람이 되는 편이 다양한 효과를 얻을 수 있다.

실제로 리더십을 연구하는 스탠퍼드 대학교와 컬럼비아 대학교의 심리학 팀은 "우수한 리더는 균형 있게 자기주장을 하면서 팀을 이끌어나가는 인물"이라고 발표했다.

그런데 많은 리더가 팀원에게 너무 거만한 사람으로 인식되거나 믿음직스럽지 못한 사람으로 평가받는다. 좋은 리더가 되려면 자기주장의 강도를 신경 쓰기보다는 강하게 밀

어붙여야 할 상황과 그렇지 않은 상황을 분별할 줄 알아야
한다.

약해도 된다는 극단론이 리더를 망친다

강한 리더는 연공서열의 영향을 받은 옛 시대의 산물이다.
그러므로 강한 자아와 겸손함의 균형을 맞출 필요가 있다.

그런데 '취약성을 있는 그대로 보여준다'는 말을 곡해해서
잘못된 방향으로 나아가는 경우가 종종 있다. 이런 경향은
특히 일본에서 두드러진다. 다시 말해, 리더는 약해도 된다
는 극단론으로 빠지는 것이다.

자신의 힘만으로는 하지 못함을 인정하고 협력을 구하는
것이 아니라, "난 못해. 무리야"라며 정색한다. 이 정도면 다
행이지만, 심하면 다음과 같은 행동을 취한다. 혹시 주변에
이런 리더가 있지는 않은가?

- 판단을 내려야 하는 상황에서 "팀원 모두가 함께 결정하자"
  라며 자신의 의견을 말하지 않는다.
- 문제가 발생했을 때 대처하지 않고 "나도 어떻게 해야 할지
  모르겠어"라며 도망친다.
- 치명적인 실패를 한 뒤에 "모두가 함께 한 일입니다"라며 책
  임을 회피한다.

"우리는 리더다"의 원칙을 생각하면 팀원 한 사람 한 사람이 리더로서 책임감을 갖고 행동해야 하는 것은 맞지만, 어디까지나 개인으로서 그래야 한다는 의미다. 현실의 비즈니스 현장에서 구성원을 성장시키거나 지도하는 것은 조직을 통솔하는 리더의 역할이다. 매니저나 리더의 위치에 올랐다면 그 역할을 충실히 해야 한다. 그런데 제 역할을 못하는 약한 리더는 부하에게 난감한 언동을 하고 만다.

- 미움받고 싶지 않다는 생각에서 엄하게 지도해야 할 때도 강하게 말하지 못한다.
- "팀원의 주체성을 존중한다"면서 업무를 떠넘긴다.
- 모두를 설득해서 일하게 하는 것이 아니라, 자신을 희생시켜 일한다.
- 부하가 실패하면 "○○ 씨에게 맡긴 일이라 저는 잘 모릅니다"라며 책임을 회피한다.

이렇게 약한 리더가 있는 조직은 실질적으로 리더가 부재 중인 상태가 된다. 이래서는 조직으로서 제대로 기능할 수 없다. 약한 리더는 젊은 사원들이 성장하지 않는다며 불평하고 있을지 모르지만, 사실 성장하지 않는 것이 아니라 그 리더가 '성장시키지 못하는' 것이다.

그래서 적극적으로 주장하며 사람을 움직이는 적극적 리더가 이상적인 리더로 부각되고 있다.

적극적 리더란 어떤 사람일까?

적극적이고 강한 주장이나 태도는 자신이 성장하기 위해 꼭 필요한 것이며, 조직에서 리더로서의 역할을 다하기 위해서도 중요하다. 리더라는 역할을 맡았다면, 적극적으로 주장해 사람들을 움직이자. 강한 자아와 겸손함의 균형을 적절히 유지하면서 약함을 내포한 진정한 의미의 강함을 갖추자. 그것이 바로 적극적 리더다.

> **적극적 리더**: 자신을 존중하고, 타인을 부정하지 않으며, 자신과 팀의 이익을 위해 행동할 수 있는 리더

적극성은 자신의 능력을 최대한으로 이끌어낸다. 명확한 주장은 성과를 내기 위해 꼭 필요한 것이다. 그리고 자신 있게 한발 내딛는 모습은 부하나 후배의 모범이 된다. 고객 또는 거래처와의 관계에서도, 상사와 부하의 관계에서도 적극적인 리더가 되어야 하는 것이다.

다시 말하지만, '적극적 리더=카리스마 넘치는 강한 리더'라고 단순하게 도식화하는 것은 위험하다. 적극성은 자신의

성장을 위한 것인 동시에, 주위 사람들에게 도움이 되는 것이어야 한다. '나, 회사, 부하를 위해 가치를 만들어낸다'는 사실을 망각하면 구시대의 강권적인 리더나 독선적인 낙수 상사가 되고 만다.

적극적 리더는 강함과 약함의 균형을 적절하게 유지하는 리더다.

장기적으로 지지받을 것을 기대할 수 있다

적극적 리더는 자신을 존중하고, 타인을 부정하지 않으며, 자신과 팀의 이익을 위해서 행동한다. 적극적 리더의 강점과 특징은 다음과 같다.

- 자신감과 자존감이 높으며, '호흡이 긴 리더십'을 발휘할 수 있다.
- 타인의 의견에 귀를 기울일 줄 알기에 '신뢰'받는다.
- 자신의 의견이나 아이디어를 확실하게 '주장'할 수 있다.
- '성실'하다.
- 타인을 '책망하지 않는다'.
- '책임감'이 있다.
- '팀에 필요한 존재'임을 느낄 수 있다.
- '다루기 힘든 구성원'과도 잘해나간다.

- '무엇을 기대받고 있는가?'를 이해하고 실행할 수 있다.

이런 요소들은 리더로서의 특징이라기보다 '인간으로서의 깊이'다. 즉, 적극적 리더는 테크닉을 발휘해서 팀을 이끌어가는 존재가 아니다. 존재 자체로 팀을 끌어당기는, 구심력이 있는 인물인 것이다. 사람은 리더라는 '지위'가 아니라 '인간'에게 매료되어 따른다. 그런 인간적인 매력을 갖춘 리더는 자연스럽게 인망을 얻어 오랫동안 지지받는 '수명이 긴 리더'가 될 것이다.

─────────── 올바르게 '강한 리더'가 된다

빵을 나눈다

강한 자아와 겸손함의 균형을 맞추지 않고서는 구심력 있는 적극적 리더가 될 수 없다는 점은 요코스카에서 있었던 사건을 떠올리게 한다.

도쿄 대학교에서 교편을 잡던 시절, 나는 임상심리학 연구를 겸해 요코스카의 미군 기지에서 워크숍을 실시하곤 했다. 당시 미군 기지에는 일본인 직원 7,000명이 일하고 있었는데, 그들에게 미국인 군인과의 커뮤니케이션은 필수였다.

다른 문화의 이해에 관해 지도해 달라는 담당자의 요청을 받고 고민하던 나는 일본인 직원에게 가장 필요한 것이 적극적 리더가 되기 위한 훈련임을 깨달았다. 미국에서는 어렸을 때부터 '명확한 자기주장이 중요하다'고 교육받는다. 반면, 일본은 직접 자기주장하는 것을 좋게 보지 않는 문화다. 최근에는 일본의 교육 현장에서도 자기주장의 중요성을 가르치고 있지만, 아직 뿌리를 내렸다고는 말하기 어렵다. 문화는 짧은 기간에 변하지 않는다. 하물며 15년도 전에 미군 기지에서 일하던 일본인 직원들은 20세기 중반에 교육을 받은 사람들이었다. 그래서 나는 적극적 리더가 되기 위한 훈련을 하자고 제안했다.

그런데 미군 기지의 인사 담당자들은 영어에는 능통했지만 적극성을 의미하는 '어그레시브aggressive'와 '어서티브assertive'를 구별해서 사용하지 않는다는 사실을 깨달았다. 둘 다 적극성을 나타내지만 '어그레시브'는 강권적이라는 뜻에 가깝다. 자신을 위한 적극성, 자신을 위한 주장만 펼친다는 의미다. 가치의 기준은 승패이며, 이를 명확히 가리려 한다. 어그레시브는 빵 하나를 나눠 먹지 않는다. 자신이 전부 먹고 상대가 굶거나, 상대가 전부 먹고 자신이 굶거나, 둘 중 하나다.

그러나 '어서티브'는 그렇게 단순하지 않다. 자신은 물론 상대도 고려하면서 적극적으로 주장해 윈윈을 지향한다. 그러려면 '패시브passive(소극적) 이상 어그레시브 미만'이라는 상태여야 한다.

의견조차도 '객관적'이다

이 차이를 잘 이해하지 못하는 미군 기지의 일본인 직원들을 접한 나는 '어서티브란 어그레시브와 패시브 사이'라고 파악하면 이해가 쉽지 않을까 생각했다. 어서티브는 '어그레시브(공격형)와 패시브(수동형) 사이의 균형이 잡힌 상태'다. 다음의 표를 보기 바란다. 요컨대 '어서티브'는 '어그레시브'와 '패

그림 ② · '어서티브'의 특징

aggressive	assertive	passive
공격적	적극적	수동적
win-lose	win-win	win-lose
말한다	질문한다, 듣는다	듣는다
자신의 의견을 말한다	데이터나 견식을 바탕으로 자기 의견을 말한다 (객관적인 주장)	타인의 의견을 듣는다
자신을 존중한다	자신과 타인을 존중한다	타인을 존중한다
생각을 표현한다	생각을 표현한다	생각을 표현하지 않는다
주위 사람들을 생각하지 않는다	주위 사람들을 생각한다	주위 사람들을 생각한다

시브' 양쪽의 강점을 뽑아낸 것이다.

미국인의 경우는 비교적 공격적 성향이 강하며, 일본인은 수동적 성향이 강하다. "NO라고 말하지 못하는 일본인"이라는 말이 있듯이, 일본인은 수동적이기 쉽다. 그래서 "일본인은 수동적이어서 자기주장이 서투르다. 적극적이어야 한다"는 이야기가 나오는 것이다.

집단이 되면 적극적인 일본인

다만 나는 일본과 미국을 모두 아는 사람으로서 '일본인은 수동적이어서 문제'라고 단정하는 것은 잘못이라고 생각한다. 일본인이 수동적 성향이 강한 것은 조화를 중시하는 문화적 가치관 때문이다. 그래서 다른 사람의 의견에 귀 기울이고 상대를 존중하며 주위 사람들을 생각하는 등 장점도 있다. 결코 나쁘기만 한 것은 아니라는 말이다. 그 증거로, 일본인은 '집단'이라면 적극적으로 행동한다. 강한 집단의식 아래에서는 개인의 장점은 주장하지 못하지만, 집단의 장점이라면 강하게 주장할 수 있다.

물론 '미움받고 싶지 않다', '풍파를 일으키고 싶지 않다', '책임을 지고 싶지 않다', '의사 결정을 하고 싶지 않다' 등, 자기주장이 서툴다는 것 이외에도 수동적 성향이 강할 때 나타나는 부정적인 측면은 있다. 그래서 일본에서는 '리더 부재'

를 외치는 목소리가 많은 것이다.

그러나 일본인의 강함과 약함이 모두 '수동 성향이 강하다'는 문화적 경향에서 온다는 사실은 중요하다.

서구형 리더십의 약점

스탠퍼드 대학교에는 아시아계 미국인 학생이 많다. 그들은 학습 능력이 뛰어나지만 적극성이 부족한 경우가 많아서, 비즈니스 스쿨에서는 '아시아계를 위한 적극성 훈련'을 실시한다. 그러나 수동적 성향이 강한 것은 일본을 비롯한 아시아의 문화이며, 조화를 소중히 여기는 등 좋은 측면도 많다.

반대로 서양계 미국인 학생은 대체로 공격적 성향이 강해서, '주위 사람들을 생각하지 않고 자기주장을 한다', '다른 사람의 이야기를 듣지 않는다'는 부정적인 측면을 내포하고 있다. 서양의 문화는 자율성, 자주성을 중요시하는 까닭에 개인으로서 적극적 리더십을 잘 발휘한다. 그러나 리더의 자리에 오르면 적극성을 넘어서 강권적이 될 가능성이 높다.

심리학자로서 그리고 일본과 미국 양쪽에 근본을 둔 사람으로서, 나는 서양인처럼 되어야 한다고 말하는 듯한 '아시아계를 위한 적극성 훈련'에 거부감을 느꼈다. 이래서는 참가하는 학생들이 비난받는 것처럼 느껴 자신을 보호하고자 완고해질 수밖에 없으며, 그렇게 되면 무엇을 배우더라도 몸에 배지 않는다.

못하는 부분을 지적하고 "이게 부족해"라고 질책하면 '부정 편향negative bias'이 강해진다. 이것은 부정적인 사상에 과도하게 반응하는 성질을 가리키는데, 단점에 주목함으로써 살아남아온 생존 본능에 뿌리를 두고 있다. 적극성을 잘못 이해하면 리더와 팀원 모두 부정 편향이 강해진다. 그 결과, 리더는 사물을 큰 눈으로 바라보지 못하게 되며, 팀원은 "이게 틀렸어"라는 리더의 주장을 순순히 받아들이게 된다.

동기 부여 모델

심리학에는 '강점 기반 평가'라는 방법이 있다. 그 사람의 강점과 약점 모두에 초점을 맞추면 발전적이고 긍정적이 되며 자신감도 생겨난다는 것이다.

그래서 나는 아시아계뿐만 아니라 스탠퍼드 대학교의 모든 학생을 대상으로 하는 수업을 제안했다. 구체적으로는 긍정심리학에 바탕을 둔 '동기 부여 모델empowerment model'이라는 방법을 채용한 것인데, '이미 있는 적극적인 요소를 이용해서 자신감을 불어넣는' 훈련으로 내가 미군 기지의 일본인 직원들을 위해 실시했던 훈련에서 힌트를 얻은 것이다.

아시아계 미국인 학생은 적극적이 되려면 자기주장을 명확하게 하는 법이나 자신을 존중하는 법을 배울 필요가 있지만, 처음에는 이것에 초점을 맞추지 않고 "당신은 이미 타인의 의견에 귀를 기울이고, 타인을 존중하며, 주위 사람들을 생각하는 적극적 요소를 갖고 있습니다"라고 알려준다. 자신에게 이미 적극적인 부분이 있음을 자각하면 자신감을 갖고 부족한 부분을 키워나갈 수 있다. 자신의 배경을 부정하는 것이 아니라 오히려 강점으로 만들 수 있는 것이다.

반대로 미국인 학생은 주위 사람들을 생각하고 타인의 이야기에 귀를 기울이며 다른 사람을 존중하는 법을 배워야 한다. 인내심을 키우고 상대를 받아들이는 마음도 필요하다. 한편, 그들이 이미 갖고 있는 강한 자기주장이나 자신을 존중하는 점은 적극적이기 위해 꼭 필요한 요소이므로, 자신감을 가져도 된다.

사업가도 마찬가지다. 먼저 80쪽의 표를 보고 자신의 내부에 있는 적극적인 부분을 자각하자. 그런 다음 부족한 부분을 발전시키려 노력하면 된다. 일본인 중에도 '공격적 성향이 좀 더 강한 사람'과 '수동적 성향이 좀 더 강한 사람'이 있다. 어떤 유형이든 이미 내재한 적극적인 부분을 살리면서 부족한 부분을 갖춰나간다고 생각하는 것이 좋다.

여성 리더의 경우, 젠더에 따른 편향이 존재한다. 여성은 수동적이라는 선입견이 뿌리 깊은 탓에 강하게 주장하면 주위의 반감을 살 때도 많아서 적극적으로 행동하는 것이 더 어렵게 여겨질 수 있다. 그러나 여성 리더는 여성 특유의 '타인을 배려하는 힘'이라는 적극적인 자질을 이미 지니고 있다. 이것을 소중히 여기면서 부족한 부분을 키워나가자.

결국 중요한 것은 공격성과 수동성의 균형이다. 균형 감각을 가질 때 비로소 적극적 리더가 될 수 있음을 잊지 말아야 한다.

_____ 사람의 마음을 이해하기 위한 순서

까다로운 상대의 본심

자신과 타인을 균형 있게 존중하며 윈윈을 지향하는 적극적 리더가 되려면 자신과 상대의 마음을 이해할 필요가 있다.

사람을 움직이려면 사람의 마음을 움직여야 한다. 많은 리더가 사람의 마음을 움직일 필요성을 실감할 것이다. 그래서 리더는 팀원의 마음속을 알고 싶어 한다. 프로젝트 발족이나 인사이동으로 리더의 위치에 올랐을 때, 대부분은 무엇보다 먼저 구성원에 관해 파악하려 할 것이다. 또한 조직은 리더에게 '사람의 매니지먼트'와 '성과'를 모두 요구한다. 그래서 압박감을 느낀 나머지 다음과 같은 심리 상태가 될지도 모른다.

- 구성원의 '강점'과 '약점'을 조합해 성과를 내고 싶다.
- '젊은 구성원을 육성'하고 싶으며, 회사도 그렇게 하기를 기대한다.
- '골치 아픈 구성원'을 적절히 제어하고 싶다.

리더도 약점을 안고 있는 인간이다. 상대하기 껄끄러운 구성원이나 무슨 생각을 하고 있는지 알 수 없는 젊은 구성원과도 좋은 관계를 유지하고 싶을 것이며, 되도록 무의미한 충돌을 피하고 원만하게 지내고 싶을 것이다. 그럴 때, 심리학을 통해 팀원의 마음을 이해하는 '순서'를 배울 수 있다.

그렇다면 나는 어떤 사람일까?

하버드 대학교에서 공부하던 시절, 내게 큰 영향을 끼쳤던 스승 중에 체스터 피어스Chester M. Pierce 박사가 있다. 안타깝게도 2016년에 타계했지만, 소중한 은사였으며 멘토이기도 했다. 그는 연구자로서 수많은 공적을 세웠는데도 점잖고 겸손한 자세를 잃지 않았던 품격 있는 인물이었다. 뉴욕에서 태어난 피어스 박사는 1948년 당시에는 매우 보기 드문 흑인 학생으로서 하버드 대학교에 입학했다. 교육학부에서 학위를, 의학부에서 박사 학위를 취득했고, 우수한 미식축구 선수이기도 했으며, 졸업 후에는 하버드의 의학부에서 교육학과와 정신의학과 교수로서 수많은 학생을 지도했다.

내가 하버드에서 공부하던 시절, 피어스 박사는 교육학과에서 이문화 이해에 관한 심리학을 가르치고 있었다. 하루는 수업 시간에 한 학생이 "어떻게 하면 흑인이나 중국인을 이해할 수 있을까요?"라고 질문했다. 당시에는 백인이 엘리트 학교인 하버드의 구성원 중 압도적 다수를 차지하고 있었다. 그 질문에 피어스 박사는 "먼저 자신을 아는 것이 중요합니다. 자신을 알지 못하면 타인도 깊게 이해할 수 없습니다. 그러니 먼저 자신을 알고, 그 지식과 경험을 통해 타인을 이해하도록 하십시오"라고 대답했다.

자기를 알고, 타인을 안다. 자기는 자신과 가장 가까운 사람이며, 그 심리 메커니즘을 파악할 때 비로소 타인의 마음이 보인다.

이 가르침은 수십 년이 지난 지금도 내 마음속에 각인되어 있다.

내가 모르는 '자신'이 있다

심리학에는 '자기 이해'라는 개념이 있다. 나란 무엇일까?

하버드 대학교에 심리학부를 최초로 설립한 미국 심리학의 아버지 윌리엄 제임스William James는 '주체로서의 자기(I)'와 '타인이 알고 있는 자기(me)'라는 개념을 제창했다. 즉, '이게

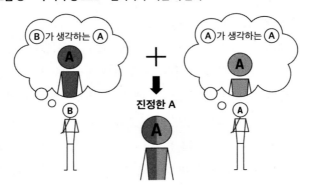

'나야'라고 생각하는 자신과 '저 사람은 이런 사람이야'라고 타인에게 인식되는 자신을 합친 존재가 '나'라는 것이다.

당신이 생각하는 '자신'과 타인이 생각하는 '당신이라는 사람'은 일치하는 경우도 있지만 완전히 다른 경우도 있다. 즉 자신은 장점이라 생각하는 측면을 타인은 약점으로 평가하기도 한다.

- 주체로서의 자기: 나는 시원시원한 성격이고, 결단력이 있어.
- 타인이 알고 있는 자기: 이 사람은 섬세함이 부족하고, 뭐든지 단순하게 결론을 내려.

또한 반대의 경우도 생각할 수 있다.

- 주체로서의 자기: 나는 작은 것에 지나치게 집착하고 결단력이 없어.
- 타인이 알고 있는 자기: 이 사람은 주의 깊고 신중해.

물론 이는 단순화한 예에 불과하다. 중요한 점은 주관이라는 한 가지 측면만으로는 결코 자신을 정확하게 해석할 수 없다는 사실이다.

심리학적 도구

"자기와 타인이라는 두 가지 관점을 통해 자신을 알아야 한다"라고 주장한 윌리엄 제임스는 심리학계의 '대가'로, 1842년에 태어났다. 그리고 시간이 흘러 1982년에 하버드 대학교의 심리학 박사인 하워드 가드너가 다중 지능Multiple Intelligences 이론을 발표했다. 시험을 통해 측정하는 IQ만으로는 사람의 지성을 알 수 없고, 지적 활동은 그 밖에도 존재하며, 그것들을 전부 조합한 것이 그 사람의 지성이라고 가드너는 주장했다. 이 또한 다면적으로 사람을 파악하여 자기를 알고자 하는 심리학 연구다.

다중 지능 이론은 자신을 다면적으로 파악해야 한다는 생각을 정착시켰다. 그리고 1980년대 후반에 들어서자 이 개념에 입각한 EQ 이론이 등장했다. 이 용어가 처음 사용된 때는 1960년대로, 심리학의 세계에서는 커다란 논제라고 해도 과언이 아닐 것이다. EQ 이론은 '머리의 지능지수'와 '마음의 지능지수'라는 두 측면에서 자신을 파악해야 한다는 새로운 개념을 만들어냈다.

EQ를 일반인이 쉽게 이해할 수 있게 한 사람은 심리학자인 대니얼 골먼Daniel Goleman인데, 하버드 대학교의 심리학자로 내 스승인 카츠 박사와 함께 연구했다. 그가 1995년에 출간한 《EQ 감성 지능》이 세계적인 베스트셀러가 되면서 EQ 이론은 단숨에 퍼져나가 리더십 등 비즈니스 현장에서도 사용되기 시작했다. 머리의 지성만으로는 자기 이해가 불가능하며, 리더에게는 심리학을 이용한 자기 이해가 필요하다는 사실이 널리 인식된 것이다.

제임스가 제창한 주체로서의 자기와 타인이 알고 있는 자기라는 개념, 다중 지능 이론에서 제창된 다면적 자기 파악 방법, 그리고 EQ 이론에서 비롯된 머리와 마음의 지성을 통해 측정하는 자기라는 심리 분석과 같은 심리학 연구의 발전으로 '나란 무엇인가?'에 관한 이해가 깊어지고, 리더십과 조직론 등 비즈니스의 현장에서 심리학을 이용한 자기 이해가 응용되는 기반이 갖춰졌다.

어떻게 활용할 것인가?

21세기를 맞이하면서 EQ 이외에도 심리학 지식이 비즈니스에 적극적으로 도입되었다. 긍정 심리학이나 인본주의 심리학에 입각한 업무 방식이나 올바른 리더상이 제안되기 시작한 것이다.

- '긍정적인' 환경 만들기
- 서로를 성장시키는 '윈윈' 관계
- 자신에게도 부하에게도 '일하는 목적'을 명확히 하는 것의 중요성
- '동기 부여'를 높여서 정력적으로 일하는 방법

하나같이 비즈니스 서적의 단골 주제이며 리더의 필수 과목인데, 본래 심리학의 연구에서 탄생했다. 다만 이런 주제가 너무 광범위하게 확산된 탓에 심리학에서 떨어져나와 '1분이면 이해할 수 있는 성공하는 매니지먼트', '리더가 되기 위한 50가지 법칙'처럼 테크닉의 성격이 강해지고 있다는 점은 참으로 안타깝다.

그래서 이 책에서는 기본으로 돌아가 적극적 리더가 되기 위해 심리학적으로 효과가 있다고 증명된 훈련법을 소개할 것이다. 먼저 자기를 확실히 알고, 그다음에 타인을 이해

하기 위해 노력하기 바란다. 내가 연구하는 마음챙김이 그런 심리학 훈련법을 대표한다. 학생뿐만 아니라 사업가, 기업이나 의료 관계자에게도 제공하고 있는 '자아와 체계의 변혁' 등도 연구를 통해 얻은 지식에 근거한 훈련법이며, 이 책에도 그 정수가 담겨 있다.

2장에서는 적극적 리더가 되기 위한 네 가지 리더십을 소개하는데, 이는 심리학을 활용해서 당신을 변화시키는 시도다.

적극적이기 위한 노력

지위가 인격을 망가뜨린다

심리학의 이론을 간단히 소개했으니, 타인을 알기 위해 먼저 자신을 아는 방법을 소개하겠다. 자신을 알기 위한 훈련으로 나는 종종 '당신은 누구인가Who are you?'라는 것을 실시한다. 자신이 느끼는 것, 생각하는 것, 자신의 가치, 자신이 소중히 여기는 것, 자신의 꿈이나 목표, 사명을 생각하게 하는 훈련법이다. 그런데 이렇게만 물어보면 추상적이어서 잘 모르겠다고 하는 사람도 있기 때문에 추가로 "당신은 어떤 것을 할 때 가슴이 두근거리나요?"라고 묻는다. 그리고 마지막에는

'나는 앞으로 무엇을 하고 싶은가?'를 그림으로 그리게 한다.

혹시 '당신은 누구인가?'가 학생에게나 쓸 만하지, 리더에게 어울리는 훈련법은 아니라고 느낀다면 '역할 성격'에 얽매여 있는 것인지도 모른다. 심리학에서 말하는 역할 성격은 사회적인 자기, 즉 상사로서의 자신, 영업 사원으로서의 자신, 아버지로서의 자신이라는 '역할'이 커져버린 상태를 가리킨다.

스탠퍼드 대학교의 '감옥 실험'은 사회심리학자인 필립 짐바르도Philip Zimbardo 박사가 1971년에 실시한 것으로, 학생들을 '간수'와 '죄수'로 역할을 나누고 관찰했다. 단순한 실험이었고 처음에는 모두 역할을 연기하듯 행동했는데, 어느덧 간수 역할을 맡은 학생들이 강권적으로 변해 죄수 역할을 맡은 학생들을 심하게 억압하기 시작했다.

이것은 실제 사회에서도 종종 일어나는 일로, 승진한 순간 갑자기 '우두머리'처럼 행동하는 사람을 드물지 않게 볼 수 있다. 어떤 조직이든 비슷한 예를 겪어봤을 것이다. 특히 지위가 높은 리더일수록 역할 성격에 쉽게 얽매여서 자기 평가self-assessment를 제대로 하지 못하는 경우가 많다. 중심에 숨겨진 자신이 어떤 사람인지 알지 못한 채, 역할 성격이라는 껍질이 점점 두꺼워지는 것이다.

이런 리더는 자신을 알지 못하기 때문에 타인도 이해하지 못한다. 부하가 '우리 리더는 우리의 말을 전혀 들어주지 않아'라는 불만을 느끼고 이 점이 부서 내에서 문제가 되어도, 정작 본인은 '나는 타인의 의견에 귀 기울이는 상사야', '내가 상사니까 잠자코 내 말에 따르면 돼'라는 식의 자신감으로 가득한 경우가 많다. '자신을 안다'는 것은 그렇게 쉬운 일이 아닌 것이다.

그래서 미국에서는 코칭을 받는 경우가 드물지 않다. 심리학을 배운 전문 코치가 프로그램 등을 통해 자기를 알아가도록 도와주는 것이다. 최고경영자가 경영 간부들에게 코칭을 받도록 하는 기업도 많다. 2013년에 스탠퍼드에서 실시한 조사에 따르면, 상장 기업과 비상장 기업을 합친 미국 기업의 CEO 중 3분의 1, 상급 간부 중 절반이 코칭을 받고 있다고 한다. 내 아내도 코칭 일을 하고 있다.

그러나 일본에서는 미국만큼 코칭이 일반적이지 않다. 그러니 이 책을 자신을 알고 바꿔나가는 데 활용하기 바란다.

'공감'은 키울 수 있는 능력이다

리더가 자신을 알아야 하는 이유는 자신의 마음을 알면 상대의 마음을 알 수 있게 되기 때문이다. 즉, '공감'할 수 있게 된다는 말이다.

자신의 마음이 어떻게 반응하는지 알면 타인에게 공감할

수 있다. 진지하게 이야기를 들어줬을 때 상대가 편안해진다
는 것을 알면, 자신이 어떻게 이야기를 들어주기를 바라는지
알 수 있다. 업무 성과를 인정받았을 때의 충족감을 알면, 상
대도 그렇게 인정받고 싶어 한다는 사실을 이해할 수 있다.

마음이 사람을 움직이므로 공감은 리더십의 중요한 요소
이며, 적극적 리더는 공감하는 힘을 갖춰야 한다. 조화를 중
시하고 타인의 의견을 존중할 줄 아는 사람도 많겠지만, 상
대에게 공감하는 힘은 적극적 리더가 되기 위해 필요한 강점
이므로 그 힘을 더욱 키워나가야 한다.

냉정을 잃지 말 것

그러나 공감에 관해 주의할 점이 있다. '컴패션compassion(공감)'
과 '엠퍼시empathy(동감)'는 둘 다 '공감'으로 번역되지만, 심리
학 용어로 사용될 경우 어감에 차이가 있다.

'컴패션'은 라틴어에서 온 말로, '열정과 함께com=with passion'
라는 강한 공감을 뜻한다. 심리학에서 말하는 공감은 타인의
감정을 느끼고 있지만 객관적인 상태를 가리킨다. 객관적이
므로 행동할 수 있다. 한편, '엠퍼시'는 타인의 감정을 느끼면
자신도 같은 기분이 되는 것으로, 같은 기분이 될 뿐 행동으
로는 옮기지는 못한다.

프랑스의 파스퇴르 연구소에서 분자유전학을 공부한 뒤

티베트에서 승려가 된 이색적인 경력의 소유자 마티유 리카르Mattieu Ricard는 저서 《이타주의altruism》에서 흥미로운 뇌과학 연구 결과를 소개했다. 이 책과 관련 기사에 따르면, 타인의 괴로움이나 슬픔에 단순히 동감하면 뇌에서 슬픔이나 고통 같은 불쾌한 감정을 관장하는 부분이 활성화된다. 그러면 본능적으로 고통을 피하기 위해 도망치려 하기 때문에 상대를 도우려고 행동하지 못한다. 그러나 타인의 괴로움이나 슬픔에 공감하면서 도우려 하면 뇌에서 협력적인 행동, 충실감, 지속력을 높이는 부분이 활성화된다. 리더십을 발휘할 수 있는 상태가 되는 것이다.

이 결과에 입각해 공감과 동감을 명확히 구별하려는 것이 심리학의 새로운 흐름이다. 팀의 젊은 구성원이 실수해서 크게 낙담했다고 하자. 공감하는 리더는 "자네의 기분은 이해하네"라며 그 기분을 이해하면서도, 명확하게 선을 긋고 객관적으로 "이번 실수의 원인은 여기에 있어. 다음에는 이렇게 해보면 어떨까?"라고 해결 방법을 제시할 수 있다.

한편 동감하는 리더는 "자네의 기분은 충분히 이해하네"라며 함께 우울해할 뿐, 아무 행동도 하지 않는다. 함께 술을 마시면서 푸념을 들어주면, 당장은 '마음씨 좋은 상사'로 인식될지도 모른다. 그러나 전혀 생산적이지 않다. 부하는 성장하지 못하며, 팀의 문제 해결 능력은 발전하지 못한다. 리더로서 역할을 다하고 있다고 할 수 없다.

물론 동감이 좋지 않다는 뜻은 아니다. 타인의 일을 자신의 일처럼 기뻐하고 함께 울어주는 사람은 둘도 없이 소중한 존재다. 그러나 동감만으로는 부족하다. 리더가 갖춰야 할 것은 강함이 있는 공감이다. 함께 울기만 해서는 공멸할 뿐이다.

비즈니스 현장에서의 인간관계는 교우관계와는 다르다. 타인과 같은 감정을 느끼면서도 적당한 거리를 유지할 수 있어야 적극적 리더라고 할 수 있다. 객관적일 수 있을 만큼 여유가 있을 때 진정으로 그 사람을 위해 행동할 수 있음을 명심하자.

고전의 가르침

내가 감명 깊게 읽었던 고전에 "타인의 실패, 잘못, 결점을 명확하게 지적하는 것은 중요한 일이자 배려이며 중대한 책임이다"라는 구절이 있었다. 무사의 마음가짐에 관해 쓴 《하가쿠레》의 한 구절로, 사가 번의 야마모토 쓰네토모가 1716년에 쓴 것으로 알려져 있다.

내 외할머니는 1903년생이신데, "내 할아버지는 하타모토셨단다"라고 말하곤 했다. 하타모토란 에도 시대에 쇼군 가문을 직접 모셨던 무사로, 외할머니에게는 그것이 자랑거리였다. 내가 무사도에 흥미를 갖게 된 것은 외할머니의 영향이다. 그래서 우연히 손에 든 《하가쿠레》에서 리더십의 기본을 발견하자 크게 감동받았다. 지금으로부터 300년도 전에 리더십을 위한 공감의 중요성을 이해한 일본인이 있었다는 것이 자랑스럽게 느껴졌다.

내가 도쿄 대학교에서 학생들을 가르치던 시절에는 세미나나 토론회 등에서 일본인 학생과 외국인 학생이 영어로 토론할 기회가 종종 있었는데, 어느 날 일본인 학생이 발표하자 외국인 학생이 "목소리가 작아서 잘 안 들립니다"라고 말했다. 야유가 아니라 지극히 평범한 지적이었다. 그러자 일본인 학생은 "모두가 듣고 있는 자리에서 왜 그런 말을 하는 겁니까?"라고 항의했다. 사람들 앞에서 창피를 당해 마음에 큰 상처를 입었다는 것이다. 외국인 학생은 이해할 수 없다는 표정으로 "나는 그저 피드백을 했을 뿐입니다. 목소리가 작아 안 들리니까 당신을 위해서 가르쳐준 겁니다"라고 대답했다.

이 대화를 들으며 나는 안타까움을 감출 수 없었다. 일본인은 조화를 중시하고 풍파를 일으키기를 꺼리는데, 그래서인지 학생뿐만 아니라 리더 중에도 미움받기가 두려워서 주의를 주지 못한다거나 '부하는 칭찬으로 성장시켜야 한다'고 생각하는 사람이 있다. 그러나 올바른 거리를 유지하면서 지적해야 할 것은 분명하게 지적하는 '적극적인 배려'도 필요하다.

물론 지적하는 데도 적절한 방법이 있다. 《하가쿠레》에도 피드백을 할 때의 마음가짐이 적혀 있으며, 심리학의 연구를 통해 밝혀진 효과적인 전달 및 설득 방법도 있다. 그런 의미에서 그 외국인 학생이 올바르게 리더십을 발휘했다고 하기 어렵다. 다만 같은 학생끼리는 서열이 없으므로, 좀 더 허심탄회하게 대화해도 좋을 것이다.

그러나 상사와 부하의 관계라면 엄격한 서열이 있으므로 외국인 학생보다는 좀 더 신중하게 배려해야 한다. 적극적 리더가 되려면 공감 능력을 갖추고 적절한 방법으로 지적해야 한다는 사실을 명심하자.

자기 희생형 리더의 한계

'노력'과 '인덕'은 비례하지 않는다

나는 실리콘밸리로 시찰을 오는 일본인 사업가를 대상으로 워크숍을 실시하는데, 그들에게는 특징이 있다. 일본의 리더 중에는 매니저(관리자)이면서 플레이어(실무자)인 플레잉 매니저가 많다. 즉, '개인의 실적'과 '팀의 성과'라는 두 가지 과제를 부여받는다. 게다가 팀의 성과에는 매출처럼 숫자로 나

타나는 성과 이외에도 인재 육성이나 인재 활용, 원활한 커
뮤니케이션 등 숫자로 나타나지 않는 성과까지 포함되기 때
문에 과제가 방대하다.

그런 압박감을 안고 있는 리더는 극단적인 성향이 되기
쉽다.

- '낙수 상사'로 상징되는 자기 우선주의의 '강권적 리더'
- '팀 우선주의'로, 모두를 위해 참고 또 참는 '자기 희생형 리더'

둘 다 리더십을 발휘한다고 할 수 없는 올바르지 못한 리
더이지만, 대체로 둘 중 한쪽으로 치우치곤 한다. 이 가운데
일본인에게 많은 유형이 자기 희생형 리더다. 표면적으로는
배려심이 있으며 부하를 아끼는 상사라고 평가받지만, 좋은
리더로는 여겨지지 않는다.

모두 힘을 합쳐서 노력해야 할 일을 전부 혼자서 떠맡는
다면 성과를 낼 수 없다. 어떤 천재든 다양한 형태로 협력해
결과를 낸다. 스티브 잡스가 우수한 기술팀 없이 고군분투했
다면 애플의 재건은 불가능했을 것이며, 아이폰도 탄생하지
못했을 것이다.

또한 많은 업무를 자신이 전부 처리하고 부하는 쉽게 하
는 식의 자신을 희생시키면서 일하는 방식은 언젠가 한계에

부딪힌다. 부하는 고마워하기는커녕 오히려 부담을 느낄지도 모른다. 애초에 아무것도 가르쳐주지 않고 지침도 제시하지 않으면서 혼자서 죽어라 일하는 리더를 존경하고 따르는 사람은 없을 것이다.

저평가받는 자기 희생형 리더

자신을 희생하면서 일하다 지쳐버린 리더는 '나는 이렇게 애쓰는데!', '우리 팀은 전혀 도움이 안 돼'라고 생각하며 점점 스트레스를 받는다. 그 결과 몸이나 마음의 건강을 해칠 수도 있고, '리더 대 팀'의 대립 구도가 형성되어 팀은 분열된다.

또한 자신을 희생하면서 일하는 리더는 플레이어로서 개인의 성과를 올리지 못하는데, 그러면 팀 안팎에서는 '왜 저사람이 상사인 거지?', '자기는 성과도 내지 못하는 주제에'라

그림 ④ · 플레잉 매니저에 대한 가혹한 평가 ─

리더로서	플레이어로서		부하의 심경
◯	◯	➡	'윗사람이니까 당연히 이 정도는 해야지.'
◯	✕	➡	'성과도 못 내는 주제에……'
✕	◯	➡	'자기만 성과를 내고……' '직권남용이야.'

는 시선으로 리더를 바라보게 된다. 플레잉 매니저는 플레이어와 매니저라는 양 측면에서 성과를 내야, 위에서도 아래에서도 제대로 평가받을 수 있는 것이다.

회사는 플레잉 매니저에게 리더로서도 개인으로서도 성과를 낼 것을 요구한다. 팀도 플레잉 매니저에게 훌륭한 리더인 동시에 우수한 플레이어여야 한다는 과도한 기대를 품는다. 그리고 이때 플레이어로서의 성과와는 다른 지점을 향하는 리더로서의 노력은 팀원에게 보이지 않는다.

플레잉 매니저라는 방식이 좋은지 여부는 차치하고, 이것이 플레잉 매니저가 직면하는 현실임을 직시하자. 만약 플레잉 매니저라면 자신이 참고 노력한다고 해서 해결되는 문제가 아님을 깨닫기 바란다.

자존감을 갖자

자기 희생형 리더 중에는 고지식한 사람도 많다. 부하의 기분을 알기 위해 노력하지만, 내가 "타인의 마음을 알려면 먼저 자신을 알아야 합니다"라고 말하면 위화감을 느끼곤 한다. 이는 자신을 소중히 여기는 것에 서툰 일본인의 심리적 경향 때문이다.

80쪽의 표에서 보듯, 아시아 문화의 특징은 수동적 성향이 강한 사람이 많다는 것이다. 자존감이 낮으며, 절대 흔들리지 않을 만큼 자신감이 넘치는 사람이 적다. 팀을 위한다는 생각은 좋지만, 이를 위해 자신을 희생하고 마는 것이다.

자신을 소중하게 여기지 않는 리더는 성과를 올릴 수 없으며, 장기적으로는 팀을 이끌지 못한다. 이는 리더이든 신입사원이든 다르지 않다. 자신의 성장이나 업무 의욕 등을 위해 쾌적한 업무 환경을 요구하는 것은 당연한 권리다. 다만 '개인의 성과=팀의 성과'라고 하면 낙수 상사가 되므로, 먼저 개인의 성과와 팀의 성과를 느슨하게 연계시키는 것이 좋다.

플레잉 매니저일수록 적극적 리더를 지향하자. 리더라고 해서 팀을 위해 자신을 희생시키며 일할 필요는 없다. 자존감 없이는 아무 일도 할 수 없기 때문이다.

누구를 위한 능력인가?

1장에서는 이 책이 지향하는 적극적 리더의 특징을 살펴봤다. 특히 경영자, 상사, 프로젝트 책임자 등 리더라는 역할을 맡고 있다면 적극적 리더를 지향하길 바란다.

적극적 리더에게 중요한 것은 강한 자아와 겸손함의 균형 감각이라고 했는데, 균형을 잡기 위해서는 0장의 마지막에 소개한 네 가지 리더십을 조합하는 것이 좋다.

① 진정성 리더십

② 섬기는 리더십

③ 변혁적 리더십

④ 벽을 뛰어넘는 리더십

부하가 없거나 팀에서 낮은 위치에 있는 사람에게도 리더십은 필요하다. '리더와 추종자'라는 구조가 무너지고 있으므로, 한 사람 한 사람이 리더십을 발휘하지 않으면 지속적으로 업무 성과를 올릴 수 없다. 무엇보다도 자신이 성장하지 못한다.

리더는 업무상의 역할이지만, 리더십은 개인을 위한 능력이다. 한 사람이 성장하기 위해서도 필요하며, 성과를 올릴 때도 도움이 된다. 여기에 올바른 리더십을 갖추면 리더의 역할을 부여받았을 때 책임을 다하고 팀을 성공적으로 이끌 수 있다.

지금부터는 적극적 리더가 되기 위해 필요한 네 가지 리더십에 관해 살펴보자. 먼저 가장 기초이자 토대가 되는 능력인 진정성 리더십에 관해 설명할 것이다.

사람의 마음을 사로잡는 진정성 리더십

STANFORD LEADERSHIP CLASS

조던 윌리엄슨
6만 명이 보는 앞에서
두 번 실패한 킥

"저 녀석이라면 성공시켜줄 거야."

수많은 사람이 이런 기대와 확신에 가득 차 있었을 것이다. 2012년 1월 2일, 애리조나 글렌데일. 전미 대학 미식축구 시즌이 끝난 후 우수한 성적을 거둔 학교가 맞붙는 챔피언십 시리즈 중 하나인 피에스타 볼Fiesta Bowl이 개최되고 있었다. 문무를 겸비한 스탠퍼드는 시즌을 좋은 성적으로 마치고 피에스타 볼에서 오클라호마 주립대학교와 맞붙었다.

미식축구는 미국에서 국민적인 스포츠라, 팬들이 관중석을 가득 채운 것은 물론이고 전국의 스포츠 바와 가정에서도 많은 팬이 맥주를 쌓아놓고 벌컥벌컥 들이켜면서 뜨겁게 응원을 펼쳤다.

6만 명의 관중이 지켜보는 가운데, 그는 자신이라면 할 수 있다고 확신하고 있었을 것이다. 그의 이름은 조던 윌리엄슨 Jordan Williamson으로, 아직 1학년이지만 고등학교 시절부터 스타 선수였으며 스탠퍼드의 에이스 키커였다. 경기 종료 직전, 절호의 지점에서 필드골을 얻었다. 모두가 그의 오른발이 승리를 확정지으리라고 믿어 의심치 않았다.

그런데 공은 크게 빗나갔다. 경기장은 술렁였고, 아나운서는 절규했다. 그렇게 시작된 연장전. 또다시 스탠퍼드에 기회가 찾아왔다. 아까의 실수를 만회하고 승리를 거머쥘 수 있는 두 번째 기회가 조던에게 주어졌다. 그런데 그가 찬 공은 또다시 골대를 크게 빗나갔다.

경기는 끝났다. 41 대 38. 승리를 거둔 것은 오클라호마였다. 자신감과 자부심으로 가득했던 윌리엄슨은 충격에 빠졌다. 6만 명이 숨을 죽이고 지켜보는 가운데 치명적인 실수를 두 번이나 반복한 것이다.

"스마트폰을 보니 100개가 넘는 메시지가 와 있고, SNS에도 셀 수 없을 만큼 많은 댓글이 달렸더군요. 병신, 나가 죽어라, 네가 모든 걸 망쳐버렸다……."

나중에 윌리엄슨은 이렇게 말했지만, 누구보다도 심하게 그를 책망한 사람은 바로 윌리엄슨 자신이었을 것이다. 아무리 후회한들 엎질러진 물은 다시 담을 수 없었다. 곧 그는 수업에도 출석하지 않고 술독에 빠져 살았다. 술의 힘을 빌려서 잠들고 싶다, 그대로 영원히 잠들었으면 좋겠다고 생각하면서……. 자살하려면 칼보다는 총이 좋겠다는 생각까지 했다. 그러나 절망의 늪에서 허우적대던 그는 자신의 죽음이 주위 사람들을 고통에 빠뜨린다는 사실을 깨달았다. 그리고 주위 사람들, 특히 자신을 사랑하는 어머니를 슬프게 해서는 안 된다고 생각했다.

조던은 다시 집 밖에 나갔다. 일부러 피에스타 볼의 공식 모자를 쓰고 다님으로써 중요한 킥을 두 차례나 실패한 자신의 약점을 그대로 드러냈다. 내 수업을 네 번이나 듣고 자신의 심정을 시로 표현하기도 했다. '완벽한 스타 선수'의 껍질 속에 숨겨져 있던 '약하고 때로는 실패도 하는 불완전한 존재'라는 자신의 본질을 인정하고 받아들인 것이다.

이 세계는 영화가 아닌 현실이기에, 다시금 앞을 향해 나아가기 시작한 조던을 모두가 박수와 포옹으로 맞이한 것은 아니다. 비난의 목소리는 사라지지 않았다. 다만 이전에 비하면 그 강도는 약해졌다. 그리고 자신의 본질을 드러낸 조던을 많은 사람이 받아들이고 응원하기 시작했다. 시스코시스템즈CSCO의 CEO였던 존 챔버스John Chambers도 그중 한 명이었는데, 시스코를 급성장시켜 취임 5년 만에 주가를 60배로 올린 경영자다.

"그분은 시간을 내서 저를 만나 이런 말씀을 해주셨습니다. '비즈니스와 스포츠는 굉장히 비슷한 측면이 있다. 시스코의 경영도 호조일 때가 있는가 하면 부진할 때도 있다. 문제는 부진할 때 어떻게 다시 일어서느냐, 실패에서 무엇을 배우느냐, 그리고 실패하기 전보다 얼마나 강해지느냐'라고 말이지요."

이렇게 말하는 조던은 분명 전보다 강해져 있었다.

1년 후인 2013년 1월 1일, 전미 대학 미식축구의 가장 큰 무대인 로즈 볼Rose Bowl에서 그는 위스콘신 대학교를 상대로 멋진 킥을 성공시켜 팀을 승리로 이끌었다.

조던은 스포츠 선수로서만 성장한 게 아니었다. 심리학 학위를 받고 졸업한 그는 현재 시스코에서 젊은 리더로 활약하고 있다. 약점을 포용하고 드러내며 당당하게 걸어갈 용기를 지닌 '진짜 리더'로서 말이다.

피에스타 볼 사건 이후 내 수업을 듣게 된 조던은 과거에 자신이 저지른 실패를 직시하는 과제인 '트라우마, 힐링, 재생'에서 이 사건에 관한 비디오를 제작했다. 그 비디오를 보면, 그가 다시 일어선 것은 다음 시즌의 로즈 볼에서 킥을 성공시켜 또다시 영웅이 되었기 때문이 아니었다. 자신의 약점을 인정한 것이 새로운 시작이 되었다.

"교수님의 수업 덕분에 누구에게나 약점이 있음을 깨달았습니다. 그전까지는 오만했고, 주위 사람들의 고통에도 둔감했습니다."

이해할 만했다. 그는 스타 선수였고, 아직 젊은 대학생이었다. 고된 훈련과 화려한 찬사에 둘러싸여 살면서, 내면에 있는 약점을 직시하거나 타인에게 공감하기가 어려웠을 것이다. 그러나 실패를 맛보고 자신의 약점을 인정한 그는 졸업 후 프로 선수가 되기를 거절하고 리더의 길을 걷기 시작했다. 괴로운 경험을 통해 타인의 마음에도 주의를 기울일 수 있게 되자, 자신이 진정으로 하고 싶은 일, 해야 할 일이 무엇인지 깨달은 것이리라.

선도자로서의 토대를 쌓는
진정성 리더십

스포츠 특기생을 수업에 출석시키는 이유

스탠퍼드에서는 수강하는 학생이 많은 수업의 경우, 출석하지 못하는 학생들을 위해 수업을 녹화한다. 그래서 운동선수 중에는 연습 시간을 확보하기 위해 비디오 수업으로 공부하고 리포트를 제출하는 학생도 있다.

타일러 개프니Tyler Gaffney도 그중 한 명이었다. 프로 미식축구팀 캐롤라이나 팬서스Carolina Panthers에 지명되어 프로 생활을 시작한 미식축구 선수로, 뉴잉글랜드 패트리어츠New England Patriots와 잭슨빌 재규어스Jacksonville Jaguars 등에서 활약했다. 그러나 외측 반월판 손상 등 부상에 시달리다, 현재는 야구 선수로 전향해 메이저리그를 목표로 마이너리그에서 외야수로 뛰고 있다. 학창 시절 아마추어 올스타팀에 선정되기도 했던 스타 미식축구 선수이면서, 동시에 야구 선수로도 활약했기에 가능했다.

그만큼 학교에서 바쁜 하루하루를 보낸 그였는데, 어째서인지 내 수업에는 꼬박꼬박 출석했다. 그리고 과제에 이런 글을 적었다.

나는 수업에 거의 출석하지 않는다. 비디오 수업이 있으니까. 그런데도 교수님의 수업에는 꼭 출석하는 이유는 교수님이 '진짜authentic'이기 때문이다. 교수님은 교사가 아니라 한 명의 인간으로서 교실에 와주신다. 그래서 나 역시 한 명의 인간으로서 수업에 출석해야 한다고 생각했다.

무엇보다 교사로서 기쁜 메시지이며, 심리학자로서도 보람이 느껴지는 말이었다.

'어센틱authentic'이란 어떤 상태인가?

'authenticity'의 어원은 그리스어의 'authentkos'로, 영어에서는 작자 또는 창조자를 'author'라고 하고, 권위가 있는 사람을 'authority'라고 한다. 원형original, 최초primary 같은 말도 그리스어에서 파생되었다.

어센틱은 최근에는 심리학에서도 자주 사용되는 용어로, 리더십론에서의 정의는 다음과 같다.

- '진정한 자기(감정, 생각)'를 안다.
- '진정한 자기'를 적극적으로, 감추지 않고 표현할 수 있게 된다.
- 자기 인생의 창조자로서 '자기 인생의 리더'가 된다.
- '신념'에 입각해서 행동한다.

- 타인에게 신뢰와 의지의 대상이 된다.

개프니는 내가 교사라는 역할이 아니라 스티븐 머피 시게마쓰라는 '진정한 자기', '한 명의 인간'으로서 교실에 있었기 때문에 나를 신뢰했다. 내가 있는 그대로의 모습으로 있었던 것이 그가 수업에 출석하도록 설득하는 원천이 되었던 것이다.

타인과의 관계를 구축하려면 커뮤니케이션이 중요하다. 그러나 그전에 우선 자기를 알고 꾸미지 않은 그대로의 모습, 즉 진짜인 상태로 상대와 마주하는 것이 중요하지 않을까? 그러지 않고서는 상대를 움직일 수 없을 것이다. 개프니의 메시지를 계기로 이를 새삼 느꼈다.

이 장에서는 먼저 당신을 진실하게 만들려 한다. 진정한 자기(감정, 생각)를 알고, 적극적으로 표현하며, 자기 인생의 리더가 되었으면 한다.

개인으로서 진실해지는 것은 리더가 되기 위한 토대를 쌓는 일이기도 한다. 이런 사람은 진정한 자신, 있는 그대로의 자신을 표현하기에 거짓이나 가식이 없어 주위 사람들에게 신뢰감을 주기 때문이다. 신념을 갖고 자기 인생의 리더가 되면 당당하게 행동할 수 있으므로 그 모습이 설득력을 지녀 사람과 팀을 자연스럽게 매료시킨다. 말 그대로 '따르고 싶은 구심력 있는 리더'의 토대가 형성된다.

　비즈니스 리더에 대입하면 "리더가 개인으로서 당당하게 행동한다"→"부하가 '이 리더는 상하관계를 떠나 인간으로서 나를 상대해준다'고 느끼고 '따르고 싶다'고 생각한다"라는 식이 될 것이다.

　본질적인 토대를 튼튼하게 쌓고 3장에서 소개하는 세 가지 리더십을 갖추면 결국 '강한 자아와 겸손함', '공격성과 수동성'의 균형이 잡힌, 진정으로 강한 적극적 리더가 될 수 있다.

진정성 리더십을 갈고닦는 방법

개인으로서 진실해지는 것은 리더가 되기 위한 토대를 쌓는 일이다. 그렇다면 어떻게 해야 진실해질 수 있을까? 여기에서는 심리학에 기반을 둔, 진정성 리더십을 갈고닦기 위한 다섯 가지 방법을 설명하려 한다.

　① '약점'을 인정한다.
　② '역할 성격'을 초월한다.
　③ '다른 사람'과 비교하지 않는다.
　④ '인생의 커다란 목적'을 찾아낸다.
　⑤ '초집중 상태'가 된다.

①~④를 보고 경제경영 자기계발 서적에서 흔히 말하는 정신론이라고 느낀 사람도 있을지 모른다. 그러나 이것은 심리학에 기반을 둔 사회과학적 접근법이다.

애초에 경제경영 서적의 내용은 대부분 심리학을 응용한 것이다. 심리학이 대중적으로 이용된다는 긍정적인 측면이 있지만, 응용 과정에서 너무 이해하기 쉽게 쓰려다가 근거 없는 정신론으로 둔갑해버린 부정적인 측면도 있다. 그래서 이 책에서는 사회과학에 기반을 둔 심리학 연구 결과도 제시하려 한다.

⑤는 자연과학의 뇌과학 연구에 바탕을 둔 것이다. 과학은 크게 자연과학과 사회과학으로 나뉘고, 자연과학은 이과이며 사회과학은 문과다. 그리고 '심리학×뇌과학'은 미국의 최신 경향이다.

요즘에는 인공 지능이나 가상현실의 개발에도 '컴퓨터과학×심리학'의 조합이 필수로 여겨지고 있다. 래리 페이지 Larry Page와 세르게이 브린Sergey Brin은 스탠퍼드에서 만나 구글을 탄생시켰는데, 그들을 지도한 계산기 과학자 테리 위노그래드Terry Winograd 교수는 일찍부터 인공 지능의 연구에 심리학을 도입한 인물이었다. 자연과학과 사회과학, 컴퓨터와 사람의 마음이라는 언뜻 보기에 전혀 다른 것들도 연구에 필요하다면 자유자재로 조합시키는 것이 틀에 얽매이지 않는 스탠퍼드의 방식이다. 이 책도 그 방식을 차용해 '심리학×뇌과학'의 측면에서 접근하려는 것이다.

여하튼 다섯 가지 방법은 자기를 알기 위한 것이지만 결과적으로 타인을 알게 한다. 피어스 박사가 가르쳐줬듯이, 자기를 알면 타인도 이해할 수 있기 때문이다. 타인을 이해하면 공감할 수 있게 되므로 부하의 기분을 이해하고 해결책이나 목적, 행동을 제시할 수 있게 되며, 그 결과 리더십은 점점 강해진다.

다섯 가지 방법은 서로 연결된다. 한 가지 방법이 성과를 내면 다른 방법도 성과를 내며, 전체적으로 진정성 리더십이 더욱 강화된다.

빌 조지의 가르침

진정성 리더십 연구의 일인자는 하버드 대학교의 교수이자 리더십 전문가인 빌 조지Bill George다. 베스트셀러 《진정성 리더십Authentic Leadership》의 저자이며, 세계적인 의료 기기 제조사 메드트로닉Medtronic의 전 CEO로, 비즈니스를 잘 아는 인물이기도 하다.

빌 조지의 가르침은 "리더 개개인의 개인적인 경험이나 성격(진정한 자기)을 토대로 자신에게 맞는 리더십을 익혀 '자신다운 리더'가 되어야 한다"는 것이다.

이에 대한 비판도 있었다. "만약 리더의 '진정한 자기'가 악하다면 어떻게 해야 하는가? 좋은 리더가 될 수 있을 리 없고, 팀을 악으로 지배할 것이다"라는 것이다. 이에 대해 그는 그런 걱정은 할 필요가 없다고 했는데, 나도 같은 견해다. 그는 "진정한 자기authentic self는 모두 선하다"고 정의했다. 인간은 태어났을 때는 선했지만, 교육이나 경험 등 인생을 사는 과정에서 상처를 받거나 자기방어적으로 변하면서 나쁜 행동을 하고 만다. 다음의 경우를 생각해보자.

- 좀처럼 타인을 신용하지 않는 A리더: 태어날 때부터 타인을 신용하지 못하는 성격이었던 것은 아니다. 젊은 시절에 배신을 당한 경험이 있어서 또다시 배신당할까 봐 두려워하는 것인지도 모른다.
- 매사를 독단적으로 진행하는 B리더: 원래 독단적이었던 것은 아니다. 의논할 상대가 없는 환경에서 오랫동안 일해온 탓에 그렇게 된 것인지도 모른다.

얇은 껍질을 벗기듯, 나쁜 행동 속에 숨겨진 본래의 성실한 자기를 재발견하자. 그렇게 하면 누구나 '성실한 자기'라는 진정한 토대를 손에 넣을 수 있다. 그런 다음 그 토대 위에 자신의 개성에 맞는 리더십을 갖춰나가는 것이다.

자신의 약점을 받아들인다

위대한 연습벌레, 로이 할러데이

진정성 리더십을 갖추기 위한 다섯 가지 방법 가운데 제일 먼저 실천해야 하는 것이 약점을 인정하는 것이다. 팀의 운영에 '약점'을 이용하는 방법에 관해서는 3장에서 이야기하겠다. 2장에서는 그 준비 단계로서, 개인적으로 자신의 약점을 인정하고 진정성 리더십을 갈고닦기 바란다.

약점이라고 하면 머릿속에 떠오르는 뉴스가 있다. 이 책을 쓰기 시작할 무렵, 한 야구 선수의 사망 뉴스가 보도되었다. 로이 할러데이Roy Halladay는 토론토 블루제이스Toronto Blue Jays와 필라델피아 필리스Philadelphia Phillies에서 활약한 선수로, 모두 입을 모아 '초일류'라고 찬사를 보냈던 2000년대 메이저리그의 대표적인 투수다. 2010년에는 생애 최초로 포스트시즌 경기에 등판해 노히트 노런을 달성하기도 했다.

40세가 된 그는 늘 원했던 자가용 비행기를 조종하다 멕시코만에 추락해 세상을 떠났는데, 생전에 트위터에 이런 메시지를 남겼다고 한다.

"두려움을 모르는 것이 용기가 아니다. 두려움이 있어도 행동하는 것이 용기다Courage is not being fearless but rather acting in spite of the existence of fear."

할러데이는 아무리 좋은 성적을 거둬도 자만하지 않았으며, 해마다 1년 동안의 훈련 계획을 엄밀하게 세우고 반드시 행했다. '나는 훈련하지 않아도 잘할 수 있는 선수가 아니다. 게으름을 부리면 실패하는 약점을 지니고 있다'고 생각했기 때문이 아닐까 싶다. 자신의 약점을 받아들이는 용기가 그를 더욱 강하게 만들었다. 그렇기에 거듭되는 부상을 극복하고 200승을 달성할 수 있었으며, 그의 진지한 자세에 많은 사람이 감동을 받았던 것이 아닐까?

어떤 선수보다도 존경받았던 이 위대한 선수의 등 번호 '32'는 블루제이스에서 영구 결번이 되었으며, 그는 2019년에 명예의 전당에 입성했다.

약점이 강점이 된다

자신의 약점을 인정하면 그것이 강점으로 바뀐다. 이는 나 또한 경험했다. 미국인 아버지와 일본인 어머니 사이에서 태어난 나는 어렸을 때 '일본인'이었다. 다른 백인 아이들과 똑같이 생기지 않았기 때문이다. 당시 미국에는 아시아인을 구별하지 못하는 사람이 많았기에 중국인으로 불리기도 했다. 고등학생 시절의 친구는 대부분 흑인이었는데, 내가 흑인이 아닌 것은 알고 있었다. 한편 20대에는 일본에서 살았는데, 일본인들은 나를 일본인으로 보지 않았다. 아마도 외모가 다른 일본인과 똑같이 생기지 않았기 때문이리라.

그래서 항상 '나는 다른 사람과 다르다'는 생각을 지니고 살았고, '다른 모두와 똑같고 싶다'고 바랐다. 뭐라고 설명할 수 없이 불편한 감각이었고, 이 세상에서 외톨이가 된 기분이었다.

그러다가 40년 전 어느 날, 할머니께서 내게 '긴쓰기金継ぎ' 이야기를 해주셨다. 긴쓰기란 15세기에 탄생한 일본의 전통적인 그릇 복원법으로, 깨졌거나 금이 간 부분을 감추는 대신 옻으로 접착하고 금가루를 써서 아름답게 장식하는 방법이다. 손상이 오히려 가치를 만들어내는 것이다.

이 이야기를 들은 나는 인간도 마찬가지라고 생각했다. 인생을 살면서 아무리 상처를 받더라도 그 상처를 감출 게 아니라 자신의 소중한 부분으로 만들 수 있다. 망가진 부분을 눈에 띄지 않게 숨길 필요는 없다. 그것은 아름다움이며 강점이기 때문이다. 지금 미국에서는 긴쓰기가 예술로서 인기를 모으고 있는데, 내부에 숨겨진 약점이나 다름을 아름답게 표현하는 긴쓰기의 힘이 많은 사람을 매료시켰기 때문이 아닐까 싶다.

자신이라는 존재를 받아들이는 것이야말로 진실해지는

기술임을 깨달았다. "이게 나야!"라고 받아들이고 당당하게 행동하는 것이 자유로워지는 길이다. 사람은 누구나 내부에 '다름'을 끌어안고 진정한 자신을 표현하고자 애쓰는데, 약점을 지닌 자신을 받아들이면 타인 또한 자신을 받아들인다. 실제로 내가 약점을 드러냈을 때, 주위 사람들은 나를 '적당히 감추려 하지 않는, 항상 참마음으로 사는 존재'로 보았다. 불완전하고 잘못을 저지르기 쉬운 인간. 그래도 더 나아지려는 노력을 계속하는 인간. 내가 그런 자신을 인정할수록 사람들은 나를 신뢰하게 되었다.

약점과 진정성은 리더십에 없어서는 안 될 가치다. 약점을 인정해 자신감이 깃들었을 때, 사람은 진정성 리더십을 발휘할 수 있게 된다.

'보여줘도 되는 약점'을 보여준다

약점을 인정하는 것은 진정성 리더십을 갖추기 위해 효과적인 방법으로, 완벽하지 않은 사람끼리 상대와 유대를 맺을 수 있다.

다만 리더의 위치에 있고 팀원이나 부하에게 자신의 약점을 보여줄 경우에는 주의할 필요가 있다. 약점을 솔직하게 보여주라고 해서 전부 드러내서는 안 된다. 약점을 보여주는 방식을 궁리해야 한다는 말이다.

실제로 팀을 이끌고 있는 사람이 적극적 리더가 되려면 조절이 필요하다. 문제가 발생해 프로젝트가 엉망진창이 될 것 같을 때, 리더가 "나도 불안해"라며 있는 그대로 약점(약한 모습)을 보여주기만 하고 끝나서는 안 된다. 먼저 "나도 불안해"라고 약한 모습을 드러냄으로써 팀원들이 품고 있는 불안감이나 문제점을 부담 없이 말할 수 있게 하자. 그러면 문제점이 표면화되고, 더 많은 정보를 공유할 수 있게 되며, 그 결과 팀이 하나가 되어 문제를 해결할 가능성이 높아진다. 그런 다음에는 "나도 불안하지만, 이렇게 행동하자"라고 대안을 제시해야 한다. 이것이 진정성 리더십을 발휘하는 것이다.

리더의 위치에 있다면 과거의 실패나 콤플렉스도 전부 공개하지 않는 편이 좋다. '실패 또는 콤플렉스가 있지만, 그것에서 교훈을 얻어 이러이러하게 발전할 수 있었다'라는 팀을 이끌 수 있는 결론을 제시하고, 약점을 기점으로 성장 스토리를 그려야 한다.

_____ 역할을 뛰어넘어 '한 명의 인간'이 된다

사람은 누구나 '한 명의 인간'이다

진정성 리더십을 갖추기 위한 첫 번째 방법이라고는 하지만,

약점을 인정하는 데는 용기가 필요하다. 실제로 약점을 인정하고 드러내자고 가르치는 나도 수업할 때마다 조금은 긴장한다. 하물며 익숙하지 않은 리더라면 난데없이 자신의 약점을 보여주라는 말을 들은 순간 '말하기는 쉽지'라고 생각할지 모른다.

나는 수업할 때마다 '나 자신을 솔직하게 드러내야 해'라고 기분을 전환함으로써 약점을 보여줄 수 있도록 마음을 가다듬는다. 처음부터 솔직하게 '교사인 동시에 한 명의 인간'이라고 생각하려는 것이다.

'역할 성격'을 넘어선다

아무리 노력해도 약점을 보여주어 무장을 해제하기가 어렵다면 진실해지기 위한 두 번째 방법으로 역할 성격을 넘어서는 시도를 해보기 바란다.

역할을 기준으로 자신을 파악하고 있는 리더가 많다. 1장의 스탠퍼드 감옥 실험에서 설명했듯이 역할에 자신을 잡아먹히는 것이다. 이런 사람이 주위에 있지는 않은가?

한 회사에 어떤 사원이든 회사에 들어갈 때 경비원에게 사원증을 보여줘야 한다는 규정이 있다. 다만 독단적인 경영자인 사장만은 예외여서, 그는 얼굴만 보여주면 통과다. 자신의 회사에서 사원증을 보여줘야 한다니 당치도 않다, 경비원도 내가 고용한 직원인데 내 얼굴은 당연히 알고 있지 않느냐는 논리다.

어느 날 아침, 원래의 경비원이 연수를 가는 바람에 다른 경비원이 출입 검사를 하고 있었다. 그 경비원의 눈에는 사장도 수많은 중년 사원 중 한 명으로밖에 보이지 않았다. 그래서 "사원증을 보여주십시오"라고 말하자 사장은 크게 화를 냈다.

항상 한 명의 인간으로서가 아니라 '과장으로서', '부장으로서' 말한다면 약점을 드러내기가 어려울 것이다. 그렇게 되면 진정성에서는 멀어지고 만다. 높으신 분으로서 '위치에 맞게' 이야기하게 되는 것이다.

그런데 진정성 리더십을 갖추지 못한 리더일수록 오히려 자신만만하게 자신이 영향력 있는 좋은 리더라고 믿는다. 이런 사람은 자기 평가와 타인의 평가 사이의 괴리가 심하기 때문에 팀원들에게 '끔찍한 리더'로 여겨질 가능성이 있다. 이 경우 앞만 보며 내 길을 걸어가다 문득 뒤를 돌아보았는데 아무도 따라오지 않더라는 비참한 상황과 마주하게 될 수 있다.

강하게 행동하는 사람이 강한 것이 아니다. 사람은 약점을 안고 있기에 그 약점을 감추고 싶어 한다. 업무 능력이나 지위, 돈이나 풍부한 교우관계 등을 이용해서 약점을 감추어 자신을 보호하려 한다. 그러나 자신을 보호하는 갑옷(역할도 그중 하나다)을 벗어던지면 진정한 자신이 보이게 된다. 진실해질 기회가 찾아오는 것이다.

진실하다면 사장이나 회장이라도 때와 장소에 맞춰 즉시 역할 성격을 넘어설 수 있다. 어쩌다 보니 사장이라는 지위에 올랐지만, 약점을 끌어안고 있는 다른 사람들과 똑같은 인간임을 깨닫는다면 묘한 자존심을 내세우는 일은 없어질 것이다.

높은 지위에 있는 사람만이 역할 성격에 얽매이는 것은 아니다. 역할 성격은 어디에나 존재한다. 상사니까, 나이가 많으니까, 젊으니까, 남성이니까, 여성이니까, 고객이니까 등의 이유로 특별대우를 요구하고 있지는 않은가? 비범함을 인식하고 주장하는 것은 좋지만, 그렇다고 해서 '나는 특별해'라고 생각하면 역할 성격이나 사회적 지위가 실제의 자신을 뒤덮어버리고 만다.

그렇다면 어떻게 해야 자신을 보호하는 갑옷을 벗어던지고 역할 성격을 넘어설 수 있을까? 그 열쇠는 '초심자의 마음'에 있다.

초심자의 마음을 갖는다

예를 들어 당신이 컴퓨터 소프트웨어 회사에서 일하고 있는데 훌륭한 시스템을 개발했다고 가정하자. 시스템은 회사의 규모를 키울 정도로 히트 상품이 되었고, 당신은 회사 안팎에서 높은 평가를 받게 되었다. 이를 계기로 자신감을 갖는 것은 좋다. 그러나 '나는 대단하고 완벽한 사람이야'라는 믿음에 사로잡히는 것은 위험하다.

'나는 100퍼센트에 도달했어'라고 생각하는 사람은 더 성장하지 못한다. 똑같은 일을 했더라도 '나는 아직 부족해'라고 생각하는 사람은 더 성장할 수 있다. 자신감을 갖는 것은 중요하지만, 자신감이 과신으로 바뀌면 진정성 리더십을 잃고 만다.

'나는 아직 부족해'는 초심자의 마음을 잃지 않은 상태다. 이러한 상태에서는 훌륭한 성과를 내더라도, 나이를 먹더라도, 높은 지위에 오르더라도, '나는 아직 모르는 게 많아'라고 생각한다. '내 부하는 아직 어리고 성과를 내지 못하고 있어. 하지만 이 친구는 내가 모르는 것을 알고 있어'라고 상대를 인정한다. 모르는 것을 모른다고 말하고 다른 사람들에게 물어볼 수 있다. 다른 사람들에게 물어봐서 가르침을 받으면 리더는 더욱 성장할 수 있다. 리더가 초심자의 마음을 잊지 않고 "모르겠는데 가르쳐주겠어?"라며 솔직하게 물어보면 팀원들은 '이 사람도 완벽하지만은 않은 한 명의 인간이구나' 라고 느끼게 된다. 역할을 떠나 있는 그대로의 인간미가 전해지면 리더와 부하 사이에 신뢰가 싹트기 마련이다.

스티브 잡스는 본래 무엇이든 알고 싶어 하는 성격이어서, 자신보다 아는 것이 많은 것 같은 상대가 있으면 질문 공세를 퍼부었다고 한다. 그의 평전《스티브 잡스》를 보면 스탠퍼드 대학교 학장이었던 도널드 케네디Donald Kennedy가 주최한 점심 모임에서 옆자리에 앉은 폴 버그Paul Berg 박사에게 질문 공세를 퍼부었다는 이야기가 적혀 있다. 버그 박사는 노벨상을 수상한 생화학자이기에, 잡스도 초심자가 될 수 있었던 것이다.

그런데 그는 컴퓨터와 애플이라는 회사에 관해서는 전부 알고 있다고 믿었다. 초심자의 마음을 잃고 자신감 과잉에 빠져 폭주한 결과, 창업자임에도 1985년에 애플에서 해고된 일화는 너무나 유명하다. 이후 1996년에 애플로 복귀하는데, 그때는 모르는 것을 물어볼 수 있는 사람이 되어 있었다고 한다. 그것이 애플의 창조성으로 이어져 애플이 부활하게 되었음은 두말할 필요도 없다. 리더가 초심자의 마음을 되찾은 것이 애플을 세계에서 시가총액이 가장 높은 기업으로 끌어올린 비결인 셈이다.

2005년, 잡스는 스탠퍼드의 졸업식 연설에서 "애플에서 해고당했던 것은 내 인생에서 최고의 사건이었습니다"라고 말했다. 해고당하고 복귀하기까지의 약 10년은 그의 인생에서 가장 창의적인 시간이었을 것이다. 해고된 뒤 그는 홀가분하게 초심자의 마음으로 살 수 있었을 것이다.

어떤 상황에서나, 특히 잘나갈 때일수록, 초심자의 마음을 떠올리기 바란다.

타인과 비교하지 않는다

자신이 아닌 누군가가 기준이 된다

진정성 리더십을 갖추기 위한 세 번째 방법은 다른 사람과 비교하지 않는 것이다. 진실해지기 위해서는 다른 사람보다 뛰어난가, 뒤처지는가, 부유한가, 가난한가와 같은 비교의 저주에서 벗어나 있는 그대로의 자신, 진정한 자기(생각·감정)를 알아야 한다.

다시 말해, 전체와 비교해서 표준 점수로 자신을 평가하는 상대 평가가 아니라 개인을 평가하는 절대 평가를 하면 된다. 이렇게 말하면 아주 간단한 일처럼 보일 것이다. 그런데 실제로 해보면 생각보다 상당히 어렵다. 우리는 본래 자신과 타인을 비교하도록 만들어졌기 때문이다. 심리학의 기초에 입각해서 이 경향에 관해 살펴보자.

자신이 손해를 보면 타인이 미워진다

군중 심리학의 연구로 유명한 윌프레드 트로터Wilfred Trotter에 따르면, 집단 심리는 먼 옛날 형제 사이에서 탄생했다. 자녀가 여럿 있을 경우, 부모는 모든 아이에게 똑같이 애정을 쏟는다. 그러면 아이들은 엄마 아빠한테 동생과 똑같이 사랑받고 있다고 생각하게 되며, 형제라는 집단이 형성된다. 그런데 형은 아무리 봐도 부모가 태어난 지 얼마 안 된 동생을 더 사랑하며 자신에게는 동생과 똑같은 애정을 쏟지 않고 있다고 느낀다. 이것이 질투의 시작이다.

학교에서도 선생님은 학생 모두를 똑같이 사랑한다는 것이 표면적인 전제이지만, 실제로는 그렇지 않은 것 같다. '선생님은 공부를 잘하는 저 녀석만 특별대우를 해'라는 불만이 생겨난다. 본래는 똑같이 대우받아야 하는 같은 집단의 일원인데 특별대우를 받는 저 녀석이 미워지는 것이다.

그렇다면 학급 모두가 일치단결해서 선생님에게 똑같이 대우해줄 것을 요구할까? 그렇지 않다. '우리가 특별대우를 받지 못하니, 저 녀석도 특별대우를 받아서는 안 된다'고 생각한다. 한 명만 빵을 받을 경우, 집단은 모두가 빵을 받을 수 있도록 하는 것이 아니라 모두가 빵을 받지 못하도록 해야 공평하다고 생각하는 것이다. 이것이 좋은 방향으로 나아가면 평등한 공동 정신이 되지만, 모두가 똑같아야 한다는 생각의 밑바닥에는 상대를 끌어내리려 하는 질투심이 꿈틀거리고 있다는 것이 트로터의 분석이다.

남과 비교하게 되는 마음을 인정한다

이 잔혹한 인간의 습성을 회사라는 집단에 대입해보자.

'A한테만 중요한 고객을 담당하게 하다니 이건 너무 불공평하잖아? 나는 평범한 고객만 담당하고 있으니, A도 나처럼 평범한 고객만 담당하게 해야 해.'

B가 이렇게 생각해도 현실적으로 그런 공평함은 이루어지지 않는다. A와 B는 개성과 능력이 서로 다르기 때문이다. 개성이나 능력 이외에도 담당 업무나 고객을 결정하는 요인이 있고, 모두 똑같은 고객만 담당한다면 회사가 돌아가지 못한다. 동기라도, 같은 부서라도, 능력이 비슷하더라도, 평가는 별개의 문제다.

성과를 낸 사람과 자신을 비교한들 아무런 의미도 없다. 학력, 두뇌의 명석함, 외모를 비교하며 '저 사람은 요령이 좋은 것인가, 운이 좋은 것인가, 아니면 뭔가 비겁한 짓을 하고 있는 것인가?'를 생각한들 답은 나오지 않는다. 그와 당신은 다른 사람이기 때문이다. 성공하고 싶다면 다른 사람과 비교하기를 그만두고, 진정한 자기를 파악하고 진실해져야 한다. 그러지 않으면 한 발자국도 나아갈 수 없다.

당신이 아무리 뛰어나도 세상에는 더 뛰어난 사람이 반드시 존재한다. 그러므로 초심자의 마음을 잃어서는 안 된다. 또한 나보다 뛰어나지 못한 사람을 보고 비뚤어진 우월감에 사로잡혀도 안 된다. 누구와도 비교할 필요는 없다. 나는 나다. 작아도 나고, 커도 나다. 당신이 현명한 사람이라면 그 현명함은 당신의 것이다. 당신보다 더 현명한 사람이 있다고 해도 당신의 현명함은 흔들리지 않는다.

당신도 마음속으로 몰래 누군가와 자신을 비교할 때가 있을 것이다. '비교한들 의미가 없으니 그만두자'고 생각한 적도 있을지 모른다. 그래도 누구나 자신과 타인을 비교하고 만다. 이 또한 인간이 지닌 약점이다. 그러므로 솔직해지는 것이 중요하다. 다른 사람과 비교하고 마는 자신이라는 약점을 인정하는 것이 다른 사람과 비교하지 않기 위한 첫걸음이다.

타인과 자신을 비교하고 있음을 깨달으면 일단 '역시 나도 모르게 다른 사람과 비교하게 되네'라며 자신의 약점을 인정하고 받아들이자. 그런 다음 "다른 사람들과 비교한들 나를 알 수는 없어. 진실해질 수 없어"라고 자신에게 말해준다.

'자신이 이루고 싶은 것'을 가진다

목적이 있는 것과 없는 것은 완전히 다르다

진정성 리더십을 갈고닦는 네 번째 방법인 '인생의 커다란 목적을 찾아낸다'는 타인과 자신을 비교하는 약점이나 질투심을 효과적으로 없애준다.

'최근에 동기 A가 담당한 상품을 취재한 기사가 인터넷에서 폭발적인 반응을 불러일으켰어. 다들 훌륭하다고 평가하는 것을 보니, A한테 승진이라든가 재미있는 업무 제안이라든가 다른 회사의 스카우트 제안 같은 다양한 기회가 찾아올 것 같아.'

이런 식으로 타인과 자신을 비교하면 진정한 자신을 잃어버리고 질투에 빠져 진정성에서 멀어지게 된다. 그럴 때는 "내가 이루고 싶은 커다란 목적은 무엇일까?"라고 자문해보자.

'내 목적은 무엇일까?'라는 단순한 질문에는 놀라운 효과가 있다.

'내 목적은 10년 동안 꾸준히 팔릴 상품을 개발하는 것이야. 웹 매거진에 소개되는 것도, 히트 상품이 되는 것도 아니야.'

이렇게 깨달으면 '나는 나, 남은 남'이라는 사실이 분명해진다. 누구와도 경쟁하지 않고 자신의 목적에 집중할 수 있게 된다. 그렇게 되면 진실한 사람에 가까워질 수 있다.

개인적으로는 인생의 커다란 목적을 바라보면 된다. '저 사람이 더 부자야'와 같은 생각이 들더라도 거기에서 멈추자. '내 인생의 목적은 보람차게 일하고, 반려자와 함께 아이들을 건강하게 키우는 것이야'라고 자신의 목적을 확인하면 돈이 자신의 삶에서 우선순위가 아님을 깨닫게 되고 타인의 부를 부러워할 필요가 없음도 알게 된다.

'해야 할 일'을 알고 있는 구성원은 2퍼센트다

리더라면 팀의 목적을 확인하는 것도 임무에 포함된다.

'우리 팀의 목적은 생산 효율을 높이는 시스템을 개발하는 것'이라는 식으로 팀의 목적을 확인할 수 있으면, 다른 팀이 개발한 새로운 시스템이 화제가 되어도 자신들의 목적에 집중할 수 있다. 리더에게는 팀을 이끌 임무가 있으므로, 목적 없이 부하를 이끄는 것은 지도도 없이 길을 안내하는 것과 같다.

경제 잡지 〈Inc.〉가 600개 회사의 간부를 대상으로 "회사의 우선 사항 세 가지를 알고 있는 사원이 전체의 몇 퍼센트나 될 것으로 생각하십니까?"라고 질문했는데, 간부들이 답변한 평균치는 64퍼센트였다. 그렇다면 실제로 사원들은 우선 사항을 얼마나 파악하고 있었을까? 조사 결과, 전체 사원 중 불과 2퍼센트만이 정확하게 대답했다고 한다.

즉, 목표나 해야 할 일을 알고 있는 구성원은 리더가 생각하는 것보다 훨씬 적다. 따라서 리더는 지향해야 할 도달 지점을 좀 더 빈번하게 팀과 공유해야 한다. 팀을 변혁시키고 선도하는 방법에 관해서는 나중에 설명할 것이다. 여기에서는 선도자로서 리더는 자신의 목적을 갖는 동시에 팀의 최종 목적도 확인할 필요가 있다는 점을 기억하자.

작게 그리고 빈번하게

팀으로서나 개인으로서나 목적을 갖는 것은 중요한 일이지만, 골치 아픈 함정도 있다. 바로 가면 증후군impostor syndrome이다. 1970년대에 임상심리학자인 폴린 클랜스Pauline Clance가 정의한 용어로, impostor는 '사기꾼'을 의미한다. 왠지 위험해 보이는 명칭인데, 대체 어떤 상태를 가리키는 것일까? 가면 증후군은 자기 평가가 현저하게 낮은 심리 상태로, 생산성을 현저하게 저하시켜 버리는 매우 골치 아픈 감정 반응이다.

이를테면, 목표 수치를 달성하거나, 성공적으로 프레젠테이션을 하거나, 리더로 발탁되는 등 목적을 달성해도 본인이 잘했다고 인정하지 못하는 것이다. 혹은 '나는 대단한 사람이 아니야. 정말 우수한 것도 아니야. 그런데도 회사에서 오래 일해서인지 리더가 되었어. 꼭 사기를 치고 있는 것 같아'라고 느낀다. 그래서 다른 사람들이 칭찬해도 금방 부정한다.

"어쩌다 보니 운이 좋았을 뿐입니다. ○○ 씨께서 도와주셔서……."

극단적인 겸손함이 몸에 밴 사람도 가면 증후군일지 모른다. 심리적으로 보면 그 근본에는 유대관계가 없는 귀속의식의 결여, 목표를 달성하지 못했을 때 오는 '충분치 않아, 나는 진짜가 아니야'라는 자신감의 결여가 있다고 한다.

가면 증후군을 앓는 사람은 리더로 발탁되어서 일하는 장소나 상황이 변화하면 적응하지 못할 것이라며 불안해하는 경우도 있기 때문에 리더 역할을 맡기는 힘들 것이다. 게다가 자기 평가가 낮은 까닭에 아무리 노력해도 자신을 인정하지 못하는 완벽주의인 경우가 많다. 그래서 휴일에도 집에서 일하고, 과로하며, 실패할까 두려워 새로운 도전을 하지 못한다. 몸을 혹사시키며 일하는 탓에 오래 지속하지 못하며 언제 몸이 망가져도 이상하지 않다.

가면 증후군은 일반적으로 남성보다 여성에게, 평균보다 능력이 높고 우수한 사람에게 많다고 알려져 있다. 사실은 유능한데도 본인이 인정하지 못하기 때문에 도전 의욕이 약해지고, 그 결과 지니고 있는 능력을 발전시키지 못한다.

스탠퍼드 대학교 심리학과의 그레고리 월턴Gregory Walton 준교수가 연구한 바에 따르면, 가면 증후군에 빠진 사람을 혼자서 고민하도록 둬서는 안 된다. 이들은 조금만 이야기를 들어줘도(작은 개입) 불안에서 해방되어 생산성이 향상된다는 것이다. '내가 하고 있는 일은 내게도, 그리고 다른 사람들에게도 의미가 있는 일이야'라는 목적의식을 부여하거나 귀속의식을 높이는 것이 가면 증후군에서 벗어나는 열쇠다. 그런 의미에서 리더와 팀원이 공통의 목적을 갖고 이를 자주 확인하는 것은 중요한 일이라고 할 수 있다.

그러나 리더가 가면 증후군이라면 누군가의 개입을 기대하기는 힘들다. 일본에서는 아직 코칭이나 카운슬링을 받는 것이 일반적이지 않기 때문이다. 따라서 별도의 접근법이 필요하다. 그것은 뇌의 가소성을 높여서 자신감을 되찾는, 자연과학에 입각한 자신을 바꾸는 방법이다.

뇌의 가소성 높이기

뇌는 변화한다

지금까지 진실해지기 위한 네 가지 방법을 소개했는데, 네 가지 방법 모두 그 첫걸음은 바뀔 수 있다고 믿는 것이다. 이에 대해 "그런 건 정신론에 불과하잖아?"라며 반발하는 사람도 있겠지만, 최근 뇌과학 연구 결과 과학적 근거가 있음이 밝혀졌다. 그것이 바로 진정성 리더십을 갖추기 위한 다섯 번째 열쇠인 '뇌의 가소성'이다. 무엇인가를 경험하고, 습득하고, 할 수 있게 된다는 것은 뇌가 학습해서 기억을 유지한다는 의미다. 예를 들어 아이가 자전거를 탈 수 있게 되는 것은 손발이나 몸통을 어떤 식으로 움직여야 하는지를 뇌가 학습하고 그 유형이 뇌에 각인되었기 때문이다.

이는 새로운 개념이 아니라 1800년대부터 논의되었다. 다만 그동안은 학습을 통해 능력을 획득하는 뇌의 가소성이 발휘되는 시기가 유아기부터 청년기에 국한된다고 생각했다. 그런데 fMRI(기능적 자기 공명 영상)가 개발되어 뇌의 내부를 시각적으로 관찰하면서 이런 인식이 뒤집어졌다. 성인기에도 환경, 행동, 사고방식, 감정에 따라 신체적으로나 기능적으로나 뇌가 변화한다는 사실이 밝혀진 것이다. 물론 성인 뇌의 가소성은 유아기부터 성장기만큼 활발하지 않지만, 몇 살이든 상관없이 뇌가 변화한다는 것은 분명한 사실이다.

사고나 감정, 행동에 따라 뇌가 변화한다는 것은 과학적인 관점에서 보더라도 스스로가 바뀔 수 있다고 생각하고 믿으면서 그렇게 행동한다면 실제로 바뀔 수 있다는 말이다.

구글, 야후, 애플도 실천하는 '자기 개혁법'

뇌의 가소성을 높이는 방법 중 하나가 마음챙김이다. 생물학자인 존 카밧진Jon Kabat-Zinn이 개발한 MBSRmindfulness-based stress reduction(마음챙김에 기반한 스트레스 감소 프로그램)을 과학적으로 검증한 결과, 마음챙김 상태가 되면 뇌의 가소성이 높아진다는 사실이 밝혀졌다.

마음챙김은 의식을 지금에 집중해서 자기와 타인을 이해하며 받아들이고, 감사하는 마음을 품고 유대를 느끼며, 부족한 점이 없는 전체가 된 상태다. 명상과 혼동하는 경우도 있는데, 명상과 마음챙김은 다르다. 마음챙김은 의식을 '지금, 이곳'에 집중하는 것이며, 명상은 그 수단 중 하나일 뿐이다. 마음챙김은 구글과 야후, 애플 등 수많은 기업에 도입되었고 스탠퍼드의 수업에서도 실시되고 있는데, 마음챙김이 뇌의 층위에서 자신을 변화시키는 효과가 있음이 과학적으로 제시되었으며 대학 측이 이를 높게 평가했기 때문이다. 마음챙김 상태가 되면 집중력이 높아지고, 자율신경이 정돈되며, 혈압이 내려가고, 흥분 상태가 진정되는 등 뇌와 몸에 좋은 효과가 생긴다는 사실이 과학적으로 증명되었다.

'mindfulness'라는 말의 어원은 팔리어인 'sati'로, '자신의 진짜 성질을 깨닫고 자신을 있는 그대로 바라보는 사람'이라는 의미다. 자기를 아는 진실한 상태에 매우 가깝다고 말할

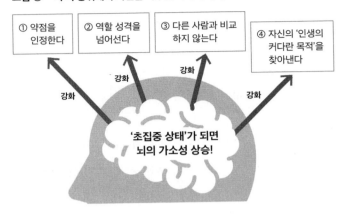

그림 ⑤ · '뇌'의 층위에서 자신을 바꾸는 과학적 계획

① 약점을 인정한다

② 역할 성격을 넘어선다

③ 다른 사람과 비교하지 않는다

④ 자신의 '인생의 커다란 목적'을 찾아낸다

강화 강화 강화

'초집중 상태'가 되면 뇌의 가소성 상승!

수 있을 것이다.

자신감이 없거나, 무엇부터 시작해야 좋을지 모르거나, 자신도 모르게 강권적으로 행동하는 리더라도 바뀌겠다고 의식하면 뇌 자체가 변화한다. 그리고 마음챙김 연구의 요소를 도입한 '뇌의 가소성을 높이는 방법'을 실천하면, 앞에서 소개한 진실해지기 위한 네 가지 방법을 실천했을 때 효과가 더욱 커진다. 그 결과, 진정성 리더십이라는 토대를 더욱 튼튼하게 만들 수 있다.

뇌에 좋은 물질을 의식적으로 분비시킬 수 있다

뇌의 가소성은 다음의 '세 가지 상태'에 있을 때 높아지는 것으로 알려져 있다.

① 집중할 때
② 하겠다고 결심하고 열심히 활동에 몰두할 때
③ 뇌가 충분히 휴식을 취했을 때

정보와 자극이 넘쳐나는 현대 사회에는 집중력을 저해하는 요소가 가득하다. 또한 바쁜 나머지 수면이 부족한 상태여서 뇌의 건강을 유지하기가 어렵다. 집중력이 떨어지고 수면 부족으로 피곤한 상태라면, 무슨 일이든 하겠다고 결심하고 몰두하기는 불가능하다.

그러나 세 가지 조건이 갖춰지기만 하면 뇌의 가소성을 높이는 스위치가 켜진다. 뇌가 변화하기 위해 필요한 세로토닌 등의 신경전달물질이 방출되는 것이다. 반대로 집중력이 없고 산만하거나, 의욕이 없거나, 수면 부족 또는 스트레스로 멍한 상태에 있으면 뇌의 스위치는 꺼진다.

원래 집중력이 없다며 성격을 탓하거나, 그렇게 열심히 할 필요가 있는지 시큰둥하게 생각할지도 모른다. 혹은 잠이 부족한 건 어쩔 수 없다며 포기하고 있을지도 모른다. 그러나 가볍게 생각해서는 안 된다. 나쁜 습관을 넘어서서 뇌의 스위치가 꺼진 상태가 기본이 될 위험성이 있다. 뇌의 가소성을 높이는 신경전달물질이 방출되지 않는 상태라면 개인으로서도 리더로서도 지니고 있는 능력을 살리지 못하게 된다.

진정성 리더십이라는 토대가 형성되도록 변화를 촉진하기 위해 뇌의 스위치를 의식적으로 켜자.

47퍼센트가 집중력 부족

특히 현대 사회에서 집중력을 높이는 것은 뇌의 스위치를 켜는 강력한 방법이다. 정보가 넘쳐나고 정신없이 바쁜 오늘날, 집중력을 되찾는 것이 뇌의 스위치를 켜는 열쇠라고 생각한다. 즉, 집중력을 높이면 뇌의 가소성이 높아져서(물론 ②와 ③도 소홀히 해서는 안 된다) 진실한 상태에 가까워질 수 있는 것이다. 그런데 안타깝게도 대부분의 현대인은 만성적으로 집중력을 빼앗기고 있다.

하버드 대학교의 사회심리학자인 매트 킬링스워스Matt Killingsworth와 대니얼 길버트Daniel Gilbert의 연구에서 현대인의 47퍼센트가 집중력이 부족한 상태임이 밝혀졌다. 두 사람의 연구에 따르면, 다른 생각을 하지 않고 지금 하고 있는 일에만 집중하는 사람이 행복도가 더 높다고 한다. 주의가 산만한 사람은 만족감을 느끼지 못한다는 말이다.

대부분 이를 실감하고 있을 것이다. 스트레스가 많고, 디

지털 단말기나 SNS 등 주의를 흐트러뜨리는 자극이 가득한 환경에서 집중력을 유지하기는 매우 어렵다. 그 결과, 대부분의 사람이 '~하면서 중독'에 빠져 있다. 일본의 직장인은 아침에 출근할 때 지하철을 타면서, 음악을 들으면서, 스마트폰을 들여다보면서, 생각까지 한다. 미국의 자동차 사회 역시 '~하면서 중독자'를 만들어낸다. 운전하면서 라디오나 음악을 듣고, 빵이나 사과를 먹고, 신호 대기 중에 스마트폰을 들여다보는 등 상황은 일본과 그다지 다르지 않다.

이런 상황에서 출근하면 회의에 참석하면서 머릿속에서는 다른 안건을 생각하고, 몰래 스마트폰을 들여다보면서 마음속으로 "아아, 피곤해"라며 불평하는 상태가 될 수도 있다. 집중하지 못하더라도 전혀 이상하지 않다. '~하면서'에 중독된 상황은 바쁘고 할 일이 많은 대부분의 선진국에서 볼 수 있는 현상이다.

'~하면서 중독'이 빠르게 확산되는 데는 기술 발전에 따른 영향이 크다. 컴퓨터를 이용해서 한 번에 여러 가지 일을 처리할 수 있게 된 까닭에 주의력이 산만해진 것이다.

멀티태스킹이 생산성을 저하시킨다

'~하면서'가 주의력을 산만하게 만들지만, 젊은 세대 중에는 "나는 멀티태스킹이 장기야"라는 사람이 적지 않다. 또한 바쁜 직장인은 효율을 추구하기 때문에 한 번에 여러 가지 일을 처리하고자 멀티태스킹의 아이디어를 열심히 짜내고 있을지 모른다. 지각과 운동 기능은 동시에 사용할 수 있으며, 훈련 여하에 따라 그 능력을 높일 수 있다는 연구 결과도 있다.

그런데 스탠퍼드 대학교의 신경과학자인 에얄 오피르Eyal Ophir 박사는 이에 대해 이의를 제기하면서 "인간은 멀티태스킹을 해낼 수 없다. 그저 태스크 스위칭(싱글태스킹의 전환)을 하고 있을 뿐이다"라고 주장한다. 멀티태스킹 상태에 있는 사람은 싱글태스킹인 사람과 비교했을 때 집중력이 약하고 효율도 나쁜 것으로 알려져 있다.

뇌는 그다지 재주가 좋지 않다. 즉, 멀티태스킹은 동시에 여러 일을 처리하는 것이 아니다. A라는 일을 하다가 도중에 전환해서 B라는 일을 하고, B라는 일을 하는 도중에 다시 전환해서 A라는 일로 돌아가고, A라는 일이 끝나기 전에 전환해서 C라는 일을 시작하는 방식이다. 몇 가지 싱글태스크를 왔다 갔다 하면서 전환하는 데 불과하다. 이것이 멀티태스킹의 실태다.

1960년대부터 이어진 심리학 연구는 멀티태스킹은 생산성이 낮다고 결론지었다. 첫 번째 이유는 시간이 더 걸린다는 것이다. 각각의 일에 집중하지 못하는 탓에 결국 완료하기까지 시간이 더 걸린다. 두 번째 이유는 주의력이 산만해진 탓에 실수가 늘어난다는 것이다. 한 연구에 따르면 '미국의 산업계는 멀티태스킹 때문에 연간 650억 달러의 손실을 보고 있다'고 한다. 멀티태스킹은 집중력을 빼앗을 뿐만 아니라 생산성은 물론 이익까지 깎아먹는 것이다.

그러므로 멀티태스킹을 그만두어야 한다. 리더로서 생산성을 높이기 위해서도, 진정성 리더십을 갖추기 위해서도, 멀티태스킹은 백해무익하다.

싱글태스킹이 뇌를 초집중 상태로 만든다

멀티태스킹을 그만두고 집중력을 높이자. 집중력을 높이기 위한 과학적 근거가 있는 방법으로서, 포천500(〈포천〉 지가 선정하는 미국의 500개 기업)과 구글을 비롯한 IT 기업의 리더가 비즈니스 현장에 마음챙김을 도입하고 있다. 그래서 나도 마음챙김 명상으로 워크숍을 시작할 때가 많다.

그러면 '거창하게 말해놓고 결국 집중하기 위해 명상을 하라는 건가?'라고 생각할지 모르지만, 오해다. 명상은 마음챙김 상태가 되기 위한 한 가지 방법이다. 그러나 유일한 방법은 아니다. 나는 젊었을 때부터 흥미를 느껴 호흡법과 명상법을 공부했고 훈련도 받았기 때문에, 마음챙김 상태가 되기 위해 명상도 한다. 다만 일본의 기업가 중에 명상을 습관화한 사람은 얼마 없을 것이며, 애초에 명상은 종교 행위 같아서 싫다는 사람도 있을 것이다.

그러나 안심해도 좋다. 명상 말고도 마음챙김 상태가 되어 집중력을 높일 방법은 얼마든지 있다. 그중에서도 내가 추천하는 방법은 멀티태스킹의 반대인 '싱글태스킹'의 습관화다. 지금 당장이라도 실천할 수 있는 간단한 방법이니 꼭 실천해보기 바란다.

멀티태스킹에서 벗어나기 위해 싱글태스킹을 철저히 한다. '지금부터 30분 동안은 기획서를 작성하는 시간'이라고 정하면 다른 것은 일절 하지 않는다. 되도록 다른 사람이 말을 걸지 않는 시간대를 선택하면 좋을 것이다. 문자 메시지 확인이나 인터넷도 그만두고, 오로지 한 가지 일에만 집중한다.

혹은 수영이나 조깅을 하는 것도 좋다. 음악을 듣는 등 '~하면서' 중독을 끊고 오로지 헤엄을 치거나 달리자. 조깅하는 습관을 가진 경영자는 많다. 이렇게 조깅이 유행하는 이유는 건강을 위한다는 목적도 있겠지만, 정신의 건강, 나아가서는 뇌의 집중력을 되찾는 데도 도움이 되기 때문일 것이다.

나는 집필을 할 때면 집에 있는 작은 정원을 거닌다. 정원에 있는 커다란 양버즘나무를 순례하듯이 빙글빙글 맴돈다. 이따금 쉬면서 5,000걸음 정도를 걸으면 마음챙김, 즉 극도의 집중 상태가 된다.

이처럼 싱글태스킹을 철저히 해서 집중력이 높아지면 마음챙김 상태에 가까워지면서 뇌의 가소성이 촉진되어 진실해지기 위한 토양이 형성된다.

진정성을 단련하기 위한 습관

'작은 약속'의 거대한 힘

2장에서는 진정성 리더십을 갖추기 위한 다섯 가지 방법을 소개했다. 마지막으로 진정성 리더십을 단련하는 데 유용한 습관을 소개하면서 마무리하려 한다. 지금부터 소개하는 것과 정반대의 습관을 가지고 있으면 진정성 리더십을 갖추기 위한 다섯 가지 방법을 아무리 열심히 실천해도 몸에 배지 않는다는 뜻이기도 하다. 게다가 주위의 신뢰도 잃을 수 있으니 주의하기 바란다.

진정한 리더는 자신답게 행동한다. 있는 그대로의 모습은 사람들을 매료시키며, 부하의 마음에는 '이 리더를 따르고 싶다'는 신뢰감이 싹튼다. 이렇게 말하면 "단순히 훌륭한 사람이 되라는 말이잖아"라며 당혹감을 느낄지도 모르지만, 평소의 언행을 통해 신뢰감을 키우는 방법이 있다. '구체화 embody의 습관'이다.

'embody'는 생각이나 감정, 발언을 구체화하는 것을 말하는데, '기업가 정신의 체현Embody a spirit entrepreneurship'이라는 식으로, 생각만 하는 것이 아니라 구체적으로 행동에 옮겨서 체현하는 것이다. 물론 갑자기 기업가 정신을 체현하기는 어렵지만, 일상적인 것부터 말과 행동을 일치시키자.

지인 중에는 통화 도중에 일이 생겨서 전화를 끊어야 할 때는 반드시 "좀 이따 내가 다시 걸게!"라고 말하는 사람이 있다. 단순한 인사나 입버릇으로 그렇게 말하는지 모르지만, 그 말을 들으면 한동안 전화를 기다리게 된다. 지금은 그가 그렇게 말해도 그냥 흘려듣는다. 중요한 자리에 있어서 바쁘니 그럴 수 있다고 생각하면서도, 왠지 슬퍼진다.

이것은 친구보다는 리더와 팀원 사이에서 더 심각한 문제가 된다. 상사가 "이 건에 대해서는 나중에 내가 알려주겠네"라고 말하면 부하는 그 말을 절대 잊지 않는다. 바쁜 상사가 '이 건' 자체를 잊어버렸더라도, 부하는 언제 알려줄지 기다린다. 그리고 이런 일이 반복되면 상사에 대해 인간적인 신뢰가 깨진다.

구체화의 습관에서는 작은 약속을 지키는 것이 중요하다. "이 보고서를 ○일까지 완성해놓게"라는 지시를 받고 부하가 열심히 만들어 제출했는데, 여러분이 보고서를 들여다보지도 않고 잘 받았다고 대답도 안 하며 피드백도 안 한다면 부하는 '이 사람을 믿으면 안 돼'라며 경계선을 긋는다.

　이런 습관을 들이기가 어렵다면 무턱대고 약속을 하지 말아야 한다. "자네가 만들어준 자료 읽어보겠네"라는 말은 아무리 사소해 보여도 부하와의 약속이다. 약속을 어기는 것은 신뢰를 해치는 행위이며, '당신은 아무래도 나와 상관없는 존재'라는 메시지를 보내는 것과 마찬가지다.

　구체화의 습관이 몸에 배지 않는 한 진정성 리더십을 갖출 수 없다는 점을 명심하길 바란다.

반드시 시간을 지킨다

'시간을 지킨다'라는 기본적인 비즈니스 매너도 진정성 리더십을 단련하기 위한 습관이다. 반대로 말하면 시간을 지키지 않는 리더는 진실하다고 하기 어렵다.

　나의 장인어른은 생전에 일본에서 경영자로 일했고, 부하들에게 두터운 신뢰를 받았다. 대학과 마찬가지로 서열 구조가 확고한 조직에 몸담고 있었는데, 어떤 상황에서도 시간을 지켰다. "지각하기보다는 일찍 도착하는 편이 좋아. 절대 다른 사람을 기다리게 해서는 안 돼"라는 말이 입버릇이었고, 이 말을 철저히 실천한 것이 장인어른의 진정성 리더십의 원천이었다. 장인어른은 책임감이 있고, 품격이 있으며, 신뢰할 수 있는 사람이었다.

시간을 지키는 것은 진정성을 태도로 보여주는 것이다. 그 이유는 두 가지다.

첫째, 시간을 지키는 것은 역할을 떠나 한 사람의 인간으로서 상대를 대하는 것이다. 시간의 가치는 지위가 높은 사람이든 신입사원이든 누구에게나 똑같다. 인간에게 시간은 통제할 수 없는, 모두가 공유하는 유일한 가치라고 해도 과언이 아니다. 그러므로 역할을 떠나서 인간 대 인간의 관계를 쌓는 사람은 상대의 시간을 존중하며 결코 약속 시간에 늦지 않는다.

둘째, 시간을 지키는 사람은 신뢰받는다. 상대의 시간을 빼앗지 않으려고 배려하는 자세가 주위 사람들에게 제대로 된 사람이라고 느끼게 한다. 즉, 시간을 엄수하는 습관을 가진 리더는 '인간으로서 성실하다', '상대를 존중한다', '겸손하다'는 것을 행동으로 보여주는 셈이다.

애초에 자신의 시간도 관리하지 못하는 사람은 부하를 관리할 수 없다.

시간관념이 느슨한 사람의 1분은 77초

심리학 연구에 따르면, 항상 지각을 하는 사람에게는 '시간 인지의 왜곡'이 있음이 밝혀졌다. 평범한 사람은 1분을 58초로 인식하지만, 항상 지각하는 사람은 77초로 인식한다는 연구도 있다. 이것이 쌓이고 쌓여서 시차가 생긴다. 그렇기 때문에 항상 지각하는 사람은 좀처럼 그 습관을 고치지 못한다.

아울러 자기 관리 능력은 기한을 지킬 줄 아는지 여부와 관계가 있다는 설이 있다. 항상 지각하는 사람은 시간을 어림셈하는 능력이 떨어져서, 굉장히 시간이 많이 걸리는 일도 '이 정도는 1시간이면 끝낼 수 있어'라고 생각한다.

그들은 대체로 아직 시간이 있다고 생각하며, 긴장감이나 불안감을 그다지 느끼지 않는다. 그러다가 약속한 기한이 지나고, 점점 더 자신을 통제하지 못하게 된다.

시간관념이 선천적인가 후천적인가에 관해서는 여러 의견이 있는데, 시간관념이 느슨한 사람은 대체로 일정한 비율로 존재한다. 그런 사람은 '아드레날린 급증 효과'를 이용하면 시간을 지킬 수 있을지 모른다. 사람은 정해진 일정대로 일을 마치거나 정해진 시간 내에 도착하면 아드레날린이 분비되어 일종의 쾌감을 느낀다. '지금부터 15분 안에 읽지 않은 이메일을 전부 읽고 답신을 보내겠어!'라고 할 일을 정하고 그것을 시간 안에 완수하고는 만족감을 느낀 경험이 있는가? 그것이 바로 아드레날린 급증 효과다.

아드레날린은 교감신경을 우위로 만들고 한계 이상의 힘을 발휘하게 하는 호르몬이다. 운동선수가 전력을 다한 뒤에

"으아아!" 하고 소리를 지르는 것도 아드레날린의 작용으로 생각되며, 의욕으로 가득 찬 상태일 때는 아드레날린이 분비된다. 즉, 정해놓은 일을 시간 안에 끝내서 아드레날린이 분비되면 의욕적인 자세까지 이끌어낼 수 있다는 말이다. 이를 반복해서 시간 안에 일을 마치자는 생각을 뇌에 각인시키는 것이다. 제한 시간을 설정하고 싱글태스킹으로 몰두하여 일을 마무리짓는 것을 습관화하기 바란다.

'한 일'에 관한 책을 읽는다

진실해지기 위한 습관으로, 나는 연구나 수업 등 '한 일'에 관한 책을 읽는다. 독서의 동기는 다양해서, 순수하게 즐거움을 느끼고 싶은 사람도 있고 지식이나 생각을 얻고 싶다거나 책을 계기로 배우거나 자극을 받고 싶다는 사람도 있다. 나는 리더십에 관해 수업을 했다면 해답지를 맞춰보는 식으로 리더십 책을 읽는다. 내가 틀리지 않았는지 '같은 내용의 책'이라는 타인의 시점에서 바라보고 재확인하는 것이다. 이렇게 하면 잘못된 지식을 갖지 않을 수 있으며, 나만이 옳다는 믿음도 피할 수 있다.

또한 책을 읽고 틀리지 않았음을 확인하면 그 이후로 자신 있게 가르칠 수 있게 된다. 진정성 리더십의 특징이기도 한, 자신감 있는 당당한 모습으로 자연스럽게 행동하기가 쉬워지는 것이다.

***

　진정성 리더십을 갖추기 위한 다섯 가지 방법도, 지금까지 소개한 진정성을 단련하기 위한 습관도, 모두 지극히 기본적인 것이다. 다만 기본이라고 해서 단 1분이면 익힐 수 있는 것은 아니다. 건축물도 토대를 쌓는 데는 시간이 걸리듯 말이다.

　다시 한 번 말하지만, 진정성 리더십은 3장 이후에서 다루는 리더십의 토대이기도 하다. 기본적인 능력이기에 매일 단련할 필요가 있다. 끝이나 도달점이 아닌 것이다.

　반대로 진정성 리더십을 단련하는 노력을 게을리하면 그때까지 쌓아놓은 '저금'은 금방 바닥을 드러내고 만다. 그러니 진정성 리더십을 갖추고 단련하려는 노력을 지속하기 바란다. 자신의 약점을 인정하고, 역할을 벗어나 한 개인으로서 있는 그대로의 모습으로 팀원을 대하려 노력해야 한다.

진정한 신뢰를 얻는
섬기는 리더십

넬슨 만델라
"앞에 나서는 것이 아니라
앞으로 밀어준다"

불굴의 정신을 대표하는 인물 하면 떠오르는 사람이 있다. 27년 동안의 수감 생활을 거쳐 남아프리카공화국의 제8대 대통령이 된 넬슨 만델라Nelson Mandela다. 그의 인생은 평화를 향한 투쟁 그 자체였다.

1994년까지 남아프리카공화국은 분단된 상태였다. 아파르트헤이트라는 인종 격리 정책 때문이었다. 그 정책으로 백인과 유색인은 거주지, 임금, 의료, 교육, 생활의 온갖 측면에서 차이가 있었다. 아니, 차이라고 간단히 말할 수 있는 것이 아니었다. 법적인 차별이었으며, 그 격차를 확대시키는 정책이었다. 선거조차 인종에 따라 나뉘어 있었기 때문에 비인도적인 정책을 바꿀 방법이 없었다.

이 일그러진 국가를 내부에서부터 바로잡고자 투쟁을 계

속한 사람이 바로 넬슨 만델라다. 반아파르트헤이트 운동의 지도자로서 그는 1964년에 국가반역죄로 투옥된다. 그러나 그는 옥중에서도 포기하지 않았고, 국제적인 지원에 힘입어 석방되었으며, 1994년에 남아공 최초로 실시된 전인종 선거에서 대통령으로 당선되었다.

그는 훌륭한 리더였으며, 수많은 명언을 남겼다. 그중 하나가 "리더십에서 중요한 것은 목적을 향해 '사람들을 움직이는' 것, 즉 사람들의 생각이나 행동의 방향을 바꾸는 것이다"라는 말이다.

목적을 향해 사람들을 움직인다는 것은 선두에 서서 "내 뒤를 따라오시오!"라고 말하는 것이 아니다. 리더가 사람들을 움직이려면 구성원에게 결정권을 부여해야 한다. 구성원이 첫발을 내디딜 수 있도록 리더가 등을 밀어줘야 한다는 말이다. 즉, 리더가 앞으로 나가는 것이 아니라 구성원을 앞으로 밀어준다는 뜻이다.

"자네에게 맡기겠네"라고 말해서 구성원이 직접 행동하도록 유도하자. 그러면 자연스럽게 리더의 생각이나 목적을 이해하게 된다.

만델라는 전형적인 적극적 리더다. 강함과 약함, 공격성과 수동성의 균형을 잘 이루었다. 공격적 강함을 지녔기에 인종 격리 정책 철폐라는 목적을 위해 격렬한 전투에 몸을 던졌다. 강한 신념과 굳센 의지가 없었다면 기나긴 수감 생활을 견뎌내지 못했을 것이며, 목적을 달성하고 노벨 평화상을 수상하지도 못했을지 모른다.

또한 그는 수동적 소질이 얼마나 소중한지도 잘 알고 있었다. 그렇기에 리더가 앞에 나서는 것이 아니라 구성원을 앞으로 밀어줘야 한다고 말했을 것이다. 이것은 만델라가 사람들을 키우고 봉사하며 지원하는 리더십, 즉 섬기는 리더십Servant Leadership을 갖추고 있었다는 증거다. 그는 사람들을 이끌어갈 뿐만 아니라, 사람들이 지니고 있는 리더십을 이끌어내었다. 그렇기에 나라를 새롭게 변모시킬 수 있었던 것이다.

이 장에서는 만델라처럼 부하의 능력을 이끌어내고 등을 밀어주는 힘, 즉 섬기는 리더십에 관해 이야기하려 한다. 섬기는 리더십은 수동성에 가까운 능력이지만, 단순히 수동적이기만 한 것은 아니다. 타인을 도와 그의 최고 능력을 이끌어내고, 그 사람이 주체적으로 활동할 수 있게 되면 더욱 지원하는 것이다.

상대가 부하라면 그 사람의 가장 좋은 점을 이끌어내고,

스스로 성과를 올릴 수 있도록 힘을 빌려주며, 지속적으로 응원한다. 최종적으로는 팀 전체의 생산성을 높여 목표를 달성한다. 그래야 리더로서 진정한 신뢰를 얻을 수 있다.

섬기는 리더십이란 무엇인가?

부하 우선 정신

섬기는 리더십을 제창한 사람으로서 가장 널리 알려진 로버트 K. 그린리프Robert K. Greenleaf는 세계 최대의 통신 회사인 AT&T에서 일하며 조직 매니지먼트를 연구했다. 또한 MIT와 하버드 비즈니스 스쿨에서 학생들을 가르치고 있다.

그가 말하는 섬기는 리더십은 '봉사하는 마음'이다. 종업원 우선 정신으로 언제나 부하를 우선하며, 리더가 봉사함으로써 부하를 성장시킨다. 그리고 이것은 조직과 사회 전체를 위한 일이 된다.

일본은 봉사하는 마음이 뿌리내리고 있어서, 서비스업의 고객 우선 정신은 훌륭하다. 그러나 종업원을 우선하는지에 관해서는 의문스럽다. "여러분의 상사는 부하 우선입니까?"라고 물었을 때 그렇다고 대답하는 사람은 그리 많지 않을 것이다. 먼저 '상사의 봉사'에 관해 살펴보자.

높으신 분이 '종'이 된다

상사가 봉사한다고 말하면 위화감을 느끼는 사람이 있을지도 모른다. 윗사람이나 높은 사람은 봉사를 받는 쪽이라는 고정관념이 분명히 있다. 그러나 정말 그럴까?

'serve'는 봉사를 의미하는 말로, 라틴어에서 유래했다. 성서에서도 중요한 말로 여겨지며, 나도 어렸을 때 가톨릭교회에서 "예수 그리스도는 사람들에게 봉사하기 위해 천국에서 내려왔다"고 배웠다. 신약 성서에는 제자 중에서 누가 으뜸인지 다투고 있는 제자들의 모습을 본 예수가 한 말이 나온다. "너희 중에 누구든지 크고자 하는 자는 너희를 섬기는 자가 되고, 너희 중에 누구든지 으뜸이 되고자 하는 자는 모든 사람의 종이 되어야 하리라."(마가복음 10:43~44) 최후의 만찬 전 예수는 스스로 '모두를 섬기는 자'임을 보여주듯이 제자들의 발을 씻겨줬다.

기독교는 문학, 철학, 미술, 정치에 이르기까지 서양 문화에 커다란 영향을 끼쳤으며, 예수 그리스도는 말하자면 '서방 세계의 원조 리더'다. 그조차도 사람들에게 봉사하는 것을 중요하게 여겼다. 그런 만큼 섬기는 리더십은 사람들을 이끌 사명이 있는 리더에게 필수적인 능력이라고 생각한다.

이것은 기독교에 국한된 이야기가 아니다. 동양 문화에 지대한 영향을 끼친 사상가 노자는 "사람들 위에 서려고 한다면 겸허한 마음으로 몸을 낮추시오"라고 말했다. "이상적인 리더란 모두에게 '이끌린다'는 느낌을 주지 않는 사람이다"라고 한 말은 더욱 흥미롭다. 이를 현대식으로 해석하면 이렇지 않을까?

"리더는 한발 물러서서 돕는 데 전념하며, 부하를 앞으로 내세워 주체적으로 행동하도록 만드시오. 부하가 상사에게 리드당한다는 것을 깨닫지 못하고 '내 힘으로 해냈어'라고 생각할 만큼 자연스럽게 이끄시오."

이 또한 섬기는 리더십의 요체에 관한 귀중한 가르침이다. 다시 말해 먼 옛날부터 리더는 '등을 밀어주는 사람'이었던 것이다.

3장에서는 팀원의 등을 밀어주기 위한 방법을 구체적으로 설명하려 한다. '이곳에서는 내 생각을 있는 그대로 말해도 괜찮아'라고 안심할 수 있는 안전지대를 만들어 부하의 마음을 열고, 등을 밀어서 그를 앞으로 나서게 한다. 그런 다음 올바르게 평가함으로써 부하의 자주성을 더욱 이끌어낸다. 이것이 섬기는 리더십이다.

뒤로 물러서는 것이 어려운 이유

아무도 따라오지 않는다

섬기는 리더십은 옛날부터 중시되어온 리더의 요체이지만, 오늘날 섬기는 리더는 많지 않다. 리더십이란 강력하게 팀을 이끌고 나가는 것이라는 생각에 사로잡힌 리더가 많기 때문이다. 이런 리더는 부하의 등을 밀어주기보다 자신이 등을 보여주면 부하가 그 뒤를 따라올 것이라고 기대한다. 자신이 앞으로 나가야 한다는 사고방식을 갖고 있는 것이다.

등산을 예로 들어보자. 리더는 "자, 지금부터 저 산을 오르는 거야! 자네는 텐트를 짊어지고, 자네는 물통을 들고, 자네는 로프를 짊어지게!"라며 부하에게 지시를 내리고 선두에 서서 걷기 시작한다. 문자 그대로 '선도자'가 된다. 그러나 문득 뒤를 돌아보니 아무도 따라오고 있지 않았다. 사실 '조난'과도 같은 이런 상황은 일상적으로 일어날 수 있다.

자신이 선두에 서거나 앞으로 나가야 한다는 사고방식의 이면에는 두 가지 심리가 있다. 첫째는 자신 말고는 누구도 신용할 수 없다는 심리다. 이는 능력이 뛰어나고 자신감이 넘치는 리더에게 나타나는 경향으로, 그들은 자신이라면 할 수 있다고 믿는다. '부하에게 맡겼다가는 프로젝트가 실패할지도 몰라. 하지만 내가 하면 확실히 성공시킬 수 있어'라고 생각하기 때문에 제일 앞에 서서 독주하는 것이다. 책임감이 강한 것처럼 보이지만, 사실 부하를 신용하지 않는다는 메시지이기도 하다.

"자네들의 능력으로는 성과를 올릴 수 없어. 그러니 내가 하는 수밖에."

"자네들보다 내가 하는 편이 확실해. 그러니까 잠자코 나를 따라오면 돼."

이런 메시지를 보낸다면 누구도 그 리더를 따르려 하지 않을 것이다.

자신이 앞으로 나가야 한다는 사고방식의 이면에 있는 두 번째 심리는 부하에게 으뜸의 자리를 빼앗기고 싶지 않다는 것이다. 이런 유형의 리더는 자신이 1등이 아니고서는 직성이 풀리지 않기 때문에 팀원을 키우려 하지 않는다. 부하에게 일을 맡기지 않으며, 결재권도 주지 않는다. 우수한 부하에게 추월당해 제일 앞이라는 위치를 빼앗길까 봐 두려운 것이다. 자신만이 권력을 쥐고 자신보다 열등하다고 생각되는 부하로 주변을 채워놓으면 리더의 위치는 굳건하며 안전하다. 2인자가 두각을 나타내는 순간 암살해버린 역사 속의 독재자에게서도 이런 심리를 엿볼 수 있다.

물론 세상에는 자신이 성과를 올리고 나아가 모든 것을 결정해서 팀을 성공으로 이끄는 리더도 있다. 이런 리더는 능력으로 자신을 증명하기 때문에 열광적인 인기를 얻기도 한다. 그러나 리더가 아무리 천재라 해도 그 성과는 오래 지속되지 않는다. 리더가 혼자 애써서 성과를 낼 수 있는 기간은 아무리 운이 좋아도 단기간일 뿐이다. 한 사람의 힘으로는 계속해서 성과를 내기가 불가능하며, 한 사람이 성과를 내기보다 팀 전체가 성과를 내는 편이 생산성이 높다.

결국 자기 우선적인 리더의 천하는 잠시만 유지될 뿐이다. 리더가 독주하는 그 길의 끝에는 팀의 파탄과 리더의 실각이라는 결말이 기다리고 있다.

길게 보자

플레잉 매니저의 경우는 상사와 부하의 직위 차이가 그다지 없는데, 이런 경우에도 리더가 직접 앞으로 나갈 때가 있다. '부하가 성공하도록 도와주기만 하면 내가 플레이어로서 성과를 올릴 수가 없잖아? 부하에게 봉사하면 결국 내가 손해를 볼 뿐이야'라는 불안감이 크기 때문인데, 이는 진정성이라는 토대가 형성되지 못했다는 뜻이다.

그러나 부하에게 추월당하고 싶지 않다는 질투심과 불안감이 뒤섞인 감정을 느끼고 있다 해도, 책망할 생각은 없다. 리더 겸 플레이어인 까닭에 회사로부터 팀의 성과는 물론이고 개인의 성과에 대해서도 심한 압박을 받게 되면, 이런 생각이 드는 것도 당연하다.

부하를 지원해주면 손해를 보게 된다는 생각에 사로잡혀 자신이 앞으로 나가게 되는 사람은 발상을 전환해보자. 섬기는 리더십은 부하에게 일방적으로 봉사하는 것이 아니다. 부하의 성공은 팀의 성공으로 이어지며, 팀의 성공은 곧 리더의 성공이 된다. 즉, 부하의 성공을 밀어주면 리더로서 성공하는 것이다.

한 사람이 내는 성과보다 팀 전체가 내는 성과가 생산성이 더 높다. 팀의 경우, 한 명이 슬럼프에 빠지면 다른 사람이 그 공백을 메워서 성과를 낼 수 있다. 리더는 새로운 시장에 관해 잘 모르지만, 그 시장을 잘 아는 젊은 부하가 있을 수도 있다. 기술도 마케팅도 커뮤니케이션도 영업도 누구보다도 더 잘하는 리더는 존재하지 않는다. 다양화된 시대에는 다양한 능력이 요구되는데, 그 모든 능력을 갖추기는 현실적으로 불가능하다. 그렇기에 단 한 명의 천재에게 의지하기보다 여러 명이 힘을 합치는 편이 효율적이다. 이것은 사회의 대원칙이며, 많은 사람이 회사라는 조직에서 일하는 이유이기도 하다.

또한 부하를 키우는 것도 리더의 중요한 역할이다. 회사는 리더가 부하를 육성하고 관리해줄 것을 기대한다. 아무것도 모르는 신입 사원을 한 사람 몫을 해내는 사원으로 키워

내고, 우수하지만 쉽게 폭주하는 젊은 사원에게 균형 감각을 가르쳐주고, 성장이 멈춘 중견 사원에게 타개책을 제시하면서 팀 전원을 육성하는 것은 분명 리더의 역할이다. 인재는 조직의 가장 중요한 재산이며, 그 자산이 우수할수록 큰 성과를 낼 수 있다. 즉, 섬기는 리더십을 갖춰서 팀원을 성장시킨다면 '리더로서의 평가'도 높아지는 것이다.

특히 플레잉 매니저는 자기중심적이어도 안 되고 자기 희생적이어도 안 된다. 어느 한쪽으로 치우칠 것 같으면 강함과 약함의 균형을 유지하는 리더가 적극적 리더라는 사실을 떠올리자.

─────────── 도움을 받아들이지 못하는 부하

아군일 수 없는 상사

당신은 이제 섬기는 리더십의 중요성을 깨달았을 수도 있고, 애초에 앞으로 나가야 한다는 사고방식을 갖고 있지 않았을지도 모른다. 오히려 부하에게 도움이 된다면 적극적으로 협력하고 싶다거나 부하가 성장할 수 있도록 힘을 빌려주고 싶다고 진심으로 생각하는 마음 좋은 리더일지도 모른다.

그렇다면 섬기는 리더십을 금세 갖출 수 있을 것 같겠지만, 생각처럼 간단하지 않다. 섬기는 리더십을 발휘하려고 해도 부하와의 사이에 '거리'가 있기 때문이다. 섬기는 리더십을 갖추고 부하의 등을 밀어주기 위해서는, 즉 봉사하고 지원하며 성장을 촉진하기 위해서는 먼저 부하가 마음을 터놓고 이야기할 수 있는 관계를 만들어야 한다. 앞으로 나가도록 등을 밀어주기 전에 '이곳에서는 내 생각을 있는 그대로 말해도 괜찮아'라고 안심할 수 있는 안전지대를 만들어서 부하가 마음을 열게 해야 한다.

그런데 부하가 자꾸 상사를 피할 때가 있다. 이런 경험이 있지는 않은가?

- 내 경험을 바탕으로 일을 가르쳐주려고 하는데, 부하가 귀담아듣지 않는다.
- 부하가 곤란한 점이나 고민을 솔직하게 털어놓으면 좋겠는데, "괜찮습니다"라며 피한다.
- 부하의 앞날을 생각해서 주의를 줬더니, 부하가 뒤에서 사람들에게 '갑질'이라며 험담을 했다.

간단한 대화를 나누려 해도 어색하기만 하여 특별히 자리를 만들어 "오늘은 평소에 품고 있는 생각을 솔직하게 말해줬으면 좋겠네"라고 말을 꺼냈지만 평소와 다를 바 없는 분위기가 된다.

이는 리더가 평소에 '상사 대 부하'의 관계에서 대화를 하기 때문이다. 그런 까닭에 갑자기 생각을 솔직하게 말해달라고 한들 부하로서는 난감할 뿐이다. 부하들은 솔직하게 말했다가 나중에 한소리 듣게 될까 염려되어 아무 말도 하지 않으며, 결국 그 자리는 침묵에 휩싸인다.

적과 스파이가 있는 방에서 다짜고짜 본심을 이야기하는 사람은 없다. 본심은 정말로 속마음을 잘 아는 아군에게만 말할 수 있다. 일상생활에서 아군은 '마음을 허락하고 신뢰할 수 있는 상대'다. 그런데 회사에 자신의 아군이 있다고 느끼는 부하는 그다지 없다. 오히려 아군은 없다고 느낄지도 모른다. 하물며 부하에게 상사는 자신을 심사하는 사람이다. 쓸데없는 소리를 했다가 찍혀서 보너스가 줄어들거나 승진이 늦어질까 봐 걱정한다면, 부담 없이 이야기하거나 솔직하게 고민거리를 의논할 수 없다.

그런 구성원에게 리더가 갑자기 지원을 해주려 하면 부하들은 '갑자기 왜 이러는 거지?', '뭔가 꿍꿍이가 있는 게 아닐까?'라고 의심할지도 모른다. 자신을 믿지 못해서 힘을 빌려주려 한다고 생각해 자신감을 잃어버리는 일도 일어날 수 있다.

오리 증후군

나는 워크숍이나 수업에서 연못에 떠 있는 오리의 사진을 보여주곤 한다. 스탠퍼드의 학생은 합격률 6퍼센트라는 좁은 문을 뚫고 들어온 인재들이다. 우수하고, 운동도 열심히 하며, 인간관계도 충실하고, 행복한 것처럼 보인다. 그러나 이것은 물 위에 떠 있는 오리의 몸통 부분에 불과하다. 평화롭게 떠 있는 것처럼 보이지만 물밑에서는 필사적으로 다리를 움직이고 있는 오리처럼, 학생들도 마음속에 고민과 콤플렉스, 갈등, 경쟁심을 끌어안은 채 필사적으로 발버둥 치고 있다. 우수하다는 말을 들으면서 자랐고 주위 사람들도 모두 우수하므로, 인간이라면 누구나 안고 있는 괴로움이나 약점을 드러내지 못하는 것이다.

여유로워 보여도 물밑에서는 빠지지 않기 위해 힘겹게 발을 움직이고 있는 상황을 오리 증후군duck syndrome이라고 한다. 스탠퍼드에서는 90퍼센트의 학생이 기숙사 생활을 하는데, 나는 3년 동안 기숙사 부지에서 가족과 함께 산 적이 있다. 그래서 도움이 필요하지만 누구에게도 고민을 말하지 못하고 오리 증후군에 시달리는 학생들을 아주 많이 목격할 수 있었다. 이것은 내가 마음챙김 수업을 시작한 계기이기도 하다. 마음이 차분해지는 안전한 장소를 제공해서 그들이 여유를 갖고 인간으로서의 토대를 쌓을 수 있도록 돕고 싶었던 것이다.

오리 증후군은 엘리트 대학생에게만 나타나는 것이 아니다. 미국에는 항상 긍정적이고 최고의 상태여야 한다는 분위기가 있다. 얼마 전에 장을 보러 식료품점에 갔는데, 계산대에서 우락부락한 근육에 문신을 한 무서워 보이는 남성 직원이 내게 "어떻게 지내세요How are you doing?"라고 말을 걸었다. 이는 일본에서 "어서 오세요"와 마찬가지로 단순한 인사다. 이에 나는 "최악이에요I feel terrible"라고 대답했다. 그는 놀랐는지 표정이 굳었고, 겁을 먹은 듯했다. 나는 곧 "농담이에요"라며 웃었고 그도 안심한 듯 웃음을 보였지만, 나는 이것이 상당히 뿌리 깊은 문제임을 통감했다.

미국에서는 "잘 지내시나요?"라는 질문을 받으면 고민거리가 있더라도, 괴롭더라도, 실연해서 밤새 펑펑 울며 뜬눈으로 보낸 다음날 아침이어도 "잘 지냅니다!"라고 대답해야 한다. "괜찮아요I'm fine"도 아니고 "좋아요Wonderful"라든가 "아주 좋아요I am great"라고 말하기도 한다. 약점을 보일 수 없기 때문이다. 표면적인 대화가 아니라 속마음을 이야기할 수 있으면 좋을 텐데, 다들 물 위에 떠 있는 오리의 모습으로 대화하려 한다. 이는 어느 나라에든 널리 퍼져 있는 문제처럼 보인다.

부하들도 오리 신드롬에 괴로워하고 있을지 모른다. 본심을 말하지 않는 것이 아니라, 말하지 못하는 것인지도 모른다는 말이다. 우수한 사람일수록 '우수한 자신'이라는 타인의 눈에 비친 자기를 보호하려 하기 때문에 약점을 드러내는 데 서툴다. 반대의 경우도 마찬가지여서, 약한 사람도 약하다고 인정하면 무너져버릴 거라고 느끼고 강한 척하며 자신을 보호하기 위해 본심을 보여주지 않는다. 결국 우수한 사람도, 그렇지 않은 사람도, 본심을 말하지 못해 정신적 피로가 쌓여가는 것이다.

좋지 않은 보고를 망설이는 이유

〈토이 스토리〉, 〈몬스터 주식회사〉, 〈겨울 왕국〉 등 대히트작으로 유명한 픽사 애니메이션 스튜디오는 팀 체제로 일하며, 솔직하게 의견을 나누어 창조성을 높인다. 그러나 창조성과 자유를 체현하고 있는 것 같은 픽사에서도 직원들이 좀처럼 본심을 말하지 않는 사태가 일어난다고 한다. 또한 구글의 매니저는 부하와의 커뮤니케이션에 일부러 많은 시간을 할애한다는 이야기를 들었는데, 그만큼 부하의 본심을 듣는 것이 중요하면서도 어려운 일이라는 의미가 아닐까 싶다.

이번에는 리더의 처지에서 이 문제를 살펴보자. 리더가 '무슨 일이 생기면 부하가 보고해 주겠지'라며 느긋하게 기다리거나 자신의 업무에만 몰두하고 있다면, 아무 정보도 들을 수 없다. 보고되는 것은 리더가 좋아할 만한 정보뿐이다. 부하로서는 껄끄러운 리더에게 정말로 중요한 정보는 좀처럼 알리지 않을지도 모른다.

부하의 본심을 모두 듣기는 힘들겠지만, 하다못해 좋지 않은 정보만이라도 파악해두기 바란다. 부하가 실수나 문제를 혼자서 끌어안고 끙끙대는 사이에 큰 문제로 발전하는 경우가 적지 않기 때문이다.

MIT의 명예 교수이며 조직심리학의 일인자인 에드거 샤인Edgar H. Schein 박사는 이와 관련해 연구 결과를 발표했다. 한 병원을 대상으로 왜 의료 사고가 보고되지 않는지 조사한 결과, 직원이 리더에게 '좋지 않은 소식의 보고를 망설이는 이유' 세 가지를 알게 되었다.

① 실수가 있었다고 보고하면 자신의 책임이 된다.
② 실수가 있었다고 보고해도 어차피 들어주지 않는다.
③ 문제가 있다고 보고해도 개선되는 경우가 없기 때문에 아무것도 달라지지 않는다.

의료 사고나 문제점이 있는데도 입을 다물거나 감추는 직원은 최악이라고 생각하기 쉽지만, 사실 그 상황을 만든 장본인은 바로 리더인 것이다.

'봉사해도 되는 관계'를 쌓는다

의료 전문지에서 의료 사고를 발표하는 이유

의료 전문지 〈메디컬 저널Medical Journal〉에는 의사가 최근에 있었던 의료 사고를 발표하는 코너가 있다. 가능하면 숨기고 싶을 것 같은 실패를 굳이 공표하는 이유는 다른 의사가 같은 실수를 반복하지 않게 하기 위해서다. 크든 작든 의사라면 저지르게 되는 실수를 공개함으로써 점검표를 만드는 등 구체적이고 효과적인 대책을 세울 수 있다. 리처드 카츠 박사가 하버드 메디컬 스쿨에서 취약성을 인정하는 용기의 중요성을 발표한 지 40년, 드디어 의료 현장에서 취약성의 중요성을 인식하기 시작했다고 할 수 있다.

2장에서 "진정한 자신을 알고 진정성 리더십을 발휘하기 위해 자신의 약점을 인정하는 것이 중요하다"고 말했다. 이는 리더로서의 토대를 쌓기 위해, 즉 리더 자신을 위해 필요한 것이다. 또한 약점을 인정하는 용기는 섬기는 리더십을 갖추고 팀을 운영하는 데도 없어서는 안 된다. 리더가 약점을 드러내지 않으면 부하가 자신의 약점을 보여주지 않을 것이며, 부하의 경계심을 풀기 어렵다. 약점까지 포함한 부하의 모습을 알지 못한다면 섬기는 리더십은 성립하지 않는다. 부하에게 어떻게 봉사해야 할지, 즉 무엇을 어떻게 가르치고 도와줘야 할지 감을 잡을 수 없기 때문이다. 또한 부하의 강점도 정확히 파악해야 한다. 그래야 어떻게 등을 밀어서 앞으로 나가게 할지, 다시 말해 어떤 일에 도전시켜야 성공할 확률이 높은지 알 수 있다.

리더가 약점을 인정하면 부하는 진정한 모습을 보여주게 된다. '이 사람은 상사라는 역할을 넘어서서 한 명의 인간으로서 약점을 보여줬어. 이 사람 앞에서는 나를 위장하지 않아도 돼'라는 신뢰도 싹튼다. 그렇게 되면 적도, 스파이도, 심사하는 사람도 존재하지 않는, '실패나 본심을 말해도 되는 안전지대'가 생긴다.

부하에게 그런 안전지대를 마련해주고 본심을 말할 수 있는 관계를 쌓는 것이 섬기는 리더십을 키우기 위한 첫걸음이다. 이런 환경을 만들면 지원해야 할 점을 발견할 수 있다. 그리고 등을 밀어줘도 경계받지 않고, 주체성을 갖고 성장할 수 있도록 자연스럽게 유도할 수 있다. 이렇듯 팀에 안전지대를 만드는 것은 봉사하는 리더에게 가장 큰 과제라고 해도 과언이 아니다. 부하를 위해 약점을 인정하는 용기를 내자.

'자신의 실수'라고 전제한다

리더가 취약성을 인정하면 팀도 약점을 보여줄 수 있다. 안전지대를 만들기 위해 먼저 리더가 약점을 보여줘야 한다.

그러나 2장에서 이야기했듯이, 치명적이고 회복 불가능한 약점을 보여줘서는 안 된다. 또한 해결책도 확실하게 제시해야 한다. 따라서 리더가 팀에게 보여주는 것은 개선할 수 있지만 명백히 문제가 있는 공통의 과제가 좋다.

"내가 예상을 안일하게 하는 바람에 이대로 가면 이번 분기에는 목표 매출을 달성할 수 없겠어."

"나도 분명히 확인했었는데, 판매 캠페인에 누락된 것이 있었어."

"내 조사가 부족했는지, 경쟁사가 압도적으로 강력한 신상품을 내놓았어."

리더라면 "이번 분기 실적도 아주 좋아!", "판매 캠페인은 완벽해", "경쟁사의 동향은 다 파악해놓았지" 같은 식으로 모든 것이 괜찮다고 말하고 싶겠지만, 그렇지 않은 부분은 솔직하게 밝힌다.

리더가 이런 사실을 직접 밝혀서 약점을 보여줘도 되는 안전지대를 만들면, 부하는 안심하고 "사실은 저도 신규 고객을 트고 있는데 전혀 진전이 없습니다"라는 식으로 좋지 않은 보고를 하기가 쉬워진다. 안전지대에서의 대화가 많아질수록 부하와의 관계도 좋아질 것이다.

이야기가 아닌 질문을 하라

리더가 약점을 보여줘서 안전지대를 만들었다면, 긴밀하게 커뮤니케이션을 하자. 앞에서 소개한 에드거 샤인 박사는 《겸손한 질문Humble Inquiry》이라는 책을 내기도 했다. 오늘날의 조직에서는 효율이나 이익의 추구가 우선된 나머지 인간관계가 훼손되고 있는데, 겸손한 질문을 통해 인간관계를 좋게 만들면 효율이나 이익이라는 결과가 뒤따른다는 것이 오랫동안 조직심리학에 몰두해온 박사의 견해다. 적극적 리더는 강한 자아와 겸손함의 균형을 잡아야 하므로, 나도 박사의 견해가 옳다고 생각한다. 또한 섬기는 리더십은 부하에게 봉사하는 것이므로 자신이 뒤로 물러서는 겸손함은 꼭 필요하다.

이런 점을 염두에 두고, 샤인 박사가 제창한 '리더가 부하에게 말할 때의 원칙'을 알아보자.

"이야기를 하지 말고, 질문하라"는 것이 원칙이다. 부하가 이야기해주지 않는다고 불평하는 리더를 보면, 평소에 부하의 이야기를 듣지 않는다. "무슨 생각이든 숨기지 말고 말해주게. 내 경우는 이런데……"라는 식으로 무작정 자신의 이야기만 할 뿐, 이야기를 들어주지 않는 것이다. 기껏 안전지대를 만들어놓고는, 리더만 열심히 떠들고 만족하는 결과를 초래할 수 있다. 팀원으로서는 자신의 순서는 돌아오지도 않은 채 회의가 끝나버렸으니, 이야기를 하려는 의욕이 꺾일 수밖에 없다.

자기 계발의 대가이며 커뮤니케이션론의 거장인 데일 카네기Dale Carnegie는 "인간은 자신에게 관심을 쏟아준 사람에게 보답하듯이 관심을 쏟는다"라고 말했다. 먼저 리더가 부하에게 관심을 가질 필요가 있다는 말이다.

물어보듯이 지시를 내린다

"이야기가 아닌 질문하라"는 것은 부하에게서 꺼내기 어려운 이야기를 이끌어낼 때뿐만 아니라 지시를 내릴 때 등 모든 대화에서 명심해야 할 원칙이다.

부하에게 내일까지 서류를 완성하라고 지시하고 싶다면, 적극적 리더는 강함과 약함의 균형을 유지해야 하므로 "내일까지 끝내!"라고 강요해도 안 되고 "내일까지는 무리겠지?"라고 소극적으로 나가도 안 된다. 한편 내일 아침 일찍인지, 아침 일찍이라면 9시인지, 아니면 리더가 출근하는 8시인지도 명확하지 않다. 명확하게 주장하지 않는다면 적극적 리더라고 할 수 없다. 그렇다고 "내일 오전 9시까지 부탁하네"라는 명확하면서도 강요하지 않는 말투로 말하는 것이 정답은 아니다. 상대의 사정은 묻지도 않고 일방적으로 시간을 정했기 때문이다.

자, '겸손한 질문'을 도입해보자. "자네라면 이 서류를 내일까지 완성할 수 있을 거라고 생각하는데, 어떤가? 언제쯤 완성해서 내게 줄 수 있을 것 같은가?"라고 자신의 의견을 말하면서 부하에게 질문하는 것이다. 그러면 부하는 자신의 능력이나 다른 업무를 고려해서 "내일 아침 9시에는 미팅이 있어서 어려울 것 같고, 11시까지는 완성할 수 있습니다"라고 대답할 것이고, 마감 시간이 명확해진다.

안전지대를 만들어놓았으므로 부하는 안심하고 아침 9시부터 미팅이 있다는 사정을 이야기할 수 있다. 또한 리더는 그 시간이 이르거나 늦다면 "미안하지만 10시부터 시작하는 회의에서 그 서류를 쓰고 싶은데, 시간을 조정해줄 수는 없겠나?"라고 솔직하게 말할 수 있다.

질문이 부하에게 '안심감'을 가져다준다

그러면 어떻게 질문해야 좋을지, 부하의 마음을 여는 질문에 관해 구체적으로 살펴보자. 심리학적으로 올바른 질문에는 여덟 가지 방향성이 있다. 이는 다양한 상황에서 사용할 수 있는데, 어떤 질문을 하든 긍정적인 방향으로 이야기가 진행되도록 하자.

'상사는 내 의견을 소중히 여기고 있어', '내게 지식과 능력이 있음을 인정해주고 있어', '내 의견을 더 알고 싶어 해'라고 부하가 실감하고 리더를 신뢰하게 된다면, 팀 내의 대화가 자연스레 늘어서 섬기는 리더십을 발휘하기가 쉽다.

부하를 위축시키는 나쁜 질문

좋은 질문을 활용하는 동시에 나쁜 질문을 하고 있지는 않은지 자신의 질문 습관을 되돌아보기 바란다. 179쪽에 부하를 위축시키는 질문의 예를 다섯 가지 소개했다.

나쁜 질문은 질문처럼 보이지만 질문이 아니다. "이건 문제가 있어!"라고 단정 짓고, "누구의 책임이지?"라고 추궁하며, "왜 이 방법을 쓰지 않았지?", "이 기획은 이전에도 해봤지만 신통치 않았다고"라며 자신의 생각이나 경험을 강압적으로 주입하는 것이다. 시대나 상황, 사람이 바뀌면 이전에는 신통치 않았던 것이 성과를 거두는 경우도 얼마든지 있는데, 전례를 들이밀며 의욕의 싹을 꺾어서는 안 된다. 결국 "다른 팀원들은 다 뛰어난데 자네는 영 글렀어"라고 비판하는 질문이라면 최악이다.

문제가 발생했을 때 상사가 이렇게 대응한다면 부하는 위축되고 만다. 그리고 '앞으로 나쁜 소식은 이 사람한테 보고하지 말아야겠구나'라고 경계하게 된다. 평소의 대화가 이런

① **개방성(open)** "이 시스템을 어떻게 사용하고 있나?"
　— 대답이 네 혹은 아니오로 끝나지 않고, 화제가 확대되는 질문

② **폐쇄성(closed)** "자네는 이 시스템이 사용하기 불편하다고 생각하나?"
　— 대답이 네 혹은 아니요이므로, 상대의 생각을 특정하고 싶을 때 하는 질문

③ **중립성(neutralize)** "새로운 시스템에 대해 자네는 어떻게 생각하나?"
　— 중립적인 처지에서 다양한 의견을 이끌어내는 질문

④ **명확성(sharpen)** "어떻게 하면 이 시스템을 좀 더 좋게 만들 수 있을 것 같은가?"
　— 명확한 대답을 요구하는 질문

⑤ **조사성(probe)** "자네는 왜 이 시스템이 중요하다고 생각하는가?"
　— 상대의 생각을 자세히 알아보는 질문

⑥ **지식성(smarten)** "나도 이 시스템에 관해 조사해봤는데, 자네는 어떻게 생각하나?"
　— 자신도 지식을 갖고 있음을 드러내는 질문

⑦ **용이성(soften)** "나도 이 시스템에 흥미가 있어서 말인데, 왜 이 시스템을 도입한 건가?"
　— 부드럽게 관심을 드러내는 질문

⑧ **간결성(simplify)** "이 시스템의 포인트는 뭐라고 생각하나?"
　— 간결한 대답을 이끌어내는 단도직입적인 질문

식이라면 부하는 마음의 문을 굳게 닫을 것이다.

　나쁜 질문의 대안으로 제시한 긍정적인 질문(그림 ⑦에서 '이렇게 바꿔 말하자')은 전부 긍정 심리학에 바탕을 둔 것이다. 실패했든 성공했든, 부하에게 질문할 때는 항상 긍정적인 측

① "뭐가 문제야?"

> 이렇게 바꿔 말하자 좋았던 부분은 어디이고, 문제가 있었던 부분은 어디일까?

② "이 문제는 누구의 책임이지?"

> 이렇게 바꿔 말하자 어떻게 하면 함께 문제를 개선할 수 있을까?

③ "왜 이 방법을 쓰지 않았지?"

> 이렇게 바꿔 말하자 자네는 이 방법에 대해 어떻게 생각하나?

④ "이 기획은 이전에도 해본 것일 텐데?"

> 이렇게 바꿔 말하자 만약 이 기획을 지금 실시한다면 어떤 새로운 것을 할 수 있을까?

⑤ "아이폰 같은 상품 기획은 못 만들어내나?"

> 이렇게 바꿔 말하자 그들은 어떻게 해낼 수 있었을까?
> 어떻게 하면 우리도 대히트 상품을 만들어낼 수 있을까?

면에 주목해야 한다. 아무리 처참하게 실패했더라도 좋았던 부분은 반드시 있다. 그것을 성공 요인(=긍정적인 측면)으로 추출해서 강점으로 키운다. 실패를 마음속에 담아두지 않도록 부하의 사고를 전환시킨다.

이것이 부하를 키우는 섬기는 리더십이다. 긍정적인 질문을 준비해서 실패를 밑거름 삼아 부하를 성장시키자.

팀을 뒤에서 밀어주는 '맡기는 기술'

지나친 도움은 불만을 만든다

리더가 약점을 보여줘서 안전지대를 만들고 그곳에서 부하와의 대화를 늘려 커뮤니케이션이 원활해지면, 부하의 능력이나 강점·약점을 알게 된다. 그렇게 되었다면 섬기는 리더십의 다음 단계, 한발 뒤로 물러나서 부하가 앞으로 나가도록 등을 밀어주고 주체적으로 과제에 몰두하도록 만들어야 한다.

주체성을 심어주니 부하의 업무 속도가 빨라진 사례는 얼마든지 있다. 실리콘밸리에서는 무엇이든 속도가 빠르다. 즉시 결정하지 않으면 금방 상황이 변하며, 새로운 기술은 탄생한 순간 낡은 것이 되기 때문이다. 실리콘밸리에는 일본에서 파견을 온 주재원들도 있는데, 베테랑이라기보다는 신진이나 중견 사원들이다. 나는 그들과도 친분이 있는데, 다들 입을 모아서 "이곳에서는 정말 멋진 경험을 할 수 있습니다"라고 말한다.

"일본이 있을 때는 뭐든지 상사의 결재가 필요하기 때문에 저희가 직접 결정할 수가 없었습니다. 하지만 이곳에서는 본사와 연락을 주고받을 여유가 없습니다. 그랬다가는 이미 늦으니까요. 그래서 저희가 직접 결정할 수밖에 없는데, 그

압박감과 속도감 덕분에 성장할 수 있었다고 생각합니다."

사실 주체성을 심어주는 것은 그렇게 간단한 일이 아니다. 일본에만 국한된 이야기는 아니지만, '마이크로매니지먼트micromanagement(세부 사항까지 통제하는 것)'라는 문제를 안고 있는 리더도 많다. 상사가 부하의 업무를 작은 부분까지 확인하고, 결정도 전부 혼자서 내린다. 이것이 마이크로매니지먼트로, 자녀를 과잉보호하는 부모 같다. "뭐가 먹고 싶니?"라고 일단 물어보지만 결국엔 선택하거나 결정할 기회를 주지 않은 채 "넌 스테이크를 좋아했지?"라는 식으로 자신의 의견을 밀어붙이고, 스테이크를 먹기 시작하면 "그렇게 하면 먹기 힘드니 이렇게 고기를 자르렴"이라고 지시하며, 힘들게 고기를 자르고 있으면 "잘라줄 테니 이리 주렴"이라며 대신 잘라주는 식이다.

이런 일이 비즈니스의 현장에서도 일어난다. 그래도 부모는 "잘랐으면 이리 내놓으렴"이라며 자녀의 스테이크를 빼앗아 먹지는 않지만, 리더 중에는 자기가 했다면서 성과를 가로채는 사람도 있다. 그야말로 최악의 리더다.

마이크로매니지먼트를 하는 리더에게도 자신만이 힘을 갖고 싶다는 심리가 있다. 사사건건 참견하는 과잉보호 상사, 좀처럼 후계자를 정하지 못하는 독선적인 사장의 마음속에는 다른 사람에게 맡겨서 권력을 놓고 싶지 않다는 심리가 강하게 작용하는 것이다.

바빠서 시간이 없다는 리더도 마이크로매니지먼트일 가능성이 높다. 부하의 업무를 빼앗아서 전부 직접 하려니 시간이 없는 것이다. 이 역시 부하에게 신용할 수 없다는 메시지를 보낸다.

당신은 어떠한가? 부하에게 친절을 베푼다며 실무에 손을 대고 업무를 빼앗아서 부하의 성장을 방해하고 있지는 않은가? 언뜻 친절해 보이지만, 섬기는 리더십이라고는 말할 수 없다. 결과적으로 당사자에게 도움이 되지 않기 때문이다.

부하도 "왜 나한테 일을 맡겨주지 않는 거지?"라며 스트레스를 받고 리더에 대한 불신감에 사로잡힌다. 백해무익한 일인 셈이다.

강권과 마이크로매니지먼트의 경계

그렇다고 해도 부하에게 일을 맡기기는 쉽지 않다. 믿지 못하는 것은 아니지만 걱정도 되고, 리더도 실패는 두렵기 마련이다. 우수한 리더의 경우 대체로 플레이어로서도 유능하기 때문에 자신이 하는 편이 성공 확률이 높다고 생각하게 된다. 그러나 이래서는 "우리 모두 리더"라는 원칙에 어긋난다.

젊은 리더의 경우는 강제로 명령해서 일을 시키는 것은 좋지 않다는 생각에 조심하는 측면도 있다. 일본은 수동적인 문화인 까닭에 강하게 주장하는 데 익숙하지 않다. 부하가 같은 연배이거나 연상이라면 더더욱 지시하기가 부담스러울 것이다.

일을 맡기는 데 서툰 리더라면, 프로이트와 같은 시대에 활약했던 구소련의 심리학자 레프 비고츠키Lev Semenovich Vygotsky의 이론을 참고하는 것이 좋다. 근접 발달 영역ZPD, zone of proximal development으로, 이름만 보면 왠지 어렵게 느껴질지 모르지만 아주 단순하고 실용적이다.

그림 ⑧에서 왼쪽은 안심 영역으로, 부하가 혼자서도 할 수 있는 업무다. 즉, 부하는 이미 그것을 처리할 능력이 있다. 안심 영역의 업무만 하는 부하는 실패하지 않는 대신 성

그림 ⑧ · 근접 발달 영역

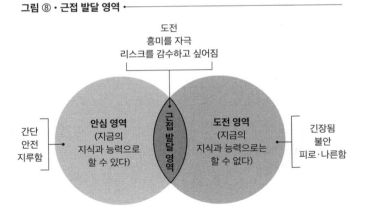

장하지도 못한다. 이는 자신에게 간단한 일밖에 맡기지 않는다며 부하가 불만을 품는 원인이 될 수 있다. 또한 안심 영역의 업무는 큰 성과로 이어지지 않기 때문에, 성공 체험을 부여해서 부하에게 자신감을 심어주기도 어렵다. 한편 오른쪽은 도전 영역으로, 부하의 능력으로는 아직 할 수 없는 업무다. 해본 적이 없는 업무도 여기에 포함된다.

마이크로매니지먼트인 리더는 안심 영역의 극히 일부, 즉 단순 작업 같은 것만 부하에게 맡길 뿐 나머지는 전부 자신이 직접 하고 싶어 한다. 그래서 부하는 아무것도 맡겨주지 않고 믿어주지 않는다는 생각에 스트레스를 받으며 성장하지 못한다. 리더는 리더대로 다른 사람의 업무까지 처리하다 보니 바빠서 시간이 없다. 결국 리더는 전체의 모습을 보지 못하고, 적극적으로 지도하지 않게 된다. 즉, 적극적 리더로부터 점점 멀어지는 것이다.

그렇다고 해서 부하에게 도전 영역의 업무를 다짜고짜 맡긴다면 무책임한 상사다. 어떻게 해야 할지 방법도 가르쳐주지 않고 책임만 지우는 것은 부하를 난처하게 만들 뿐이다. 강권적인 리더나 갑질 리더가 될 수도 있다. 경험이 없어도 열심히 궁리해서 혼자의 힘으로 어떻게든 해내는 우수한 부하도 있을지 모르지만, 상사가 리더의 역할을 다하고 있지 못한다는 혹독한 평가를 내릴 것이다.

그러므로 적극적 리더는 부하에게 근접 발달 영역의 업무를 맡기는 요령을 터득해야 한다.

일을 잘 맡기는 방법

근접 발달 영역의 업무란 다음과 같다.

- 상사가 조금만 도와주면 할 수 있는 일
- 상사가 가르쳐주면 할 수 있는 일
- 부하가 도전하고 싶어 하는 일

이런 일을 파악하는 것은 근접 발달 영역의 가장 중요한 점인데, 사실 그렇게 간단하지 않다. 그래서 부하가 아직 한 사람 몫을 해낼 만큼 성장하지 못했다고 생각한다면 안심 영역의 일만 시키게 된다. 반면 어떻게든 해낼 거라고 안일하게 판단해서 무모하게 도전 영역의 업무를 맡기면 크게 실패해서 부하도 자신감을 잃고 팀도 타격을 받는다.

근접 발달 영역을 파악하기 위해서는 부하의 능력과 적성 및 업무의 종류를 정확하게 파악해야 한다.

부하의 능력과 적성을 알려면 안전지대에서의 커뮤니케이션을 통해 부하를 좀 더 깊게 이해해야 한다. 능력과 적성은 IQ나 매출액으로 알 수 없다. 부하의 마음을 알 때 비로소 알 수 있다.

업무의 종류를 아는 것은 부하의 능력과 적성을 아는 것 보다는 난이도가 낮다. '일정은 장기인가, 단기인가?', '업무량 은 많은가, 적은가?', '동원되는 예산이 많은가, 적은가?' 같은 정량적이고 기본적인 것도 기준이 되기 때문이다.

부하의 능력과 적성과 업무의 종류를 조합하는 것은 복잡 한 작업이다. 멘탈은 약하지만 우수한 부하가 잘 처리하는 치밀한 업무도 있고, 세심하지는 못하지만 정신적으로 강인 한 부하가 생각지도 못한 성과를 낼 수 있는 업무도 있다. 또 한 급한 업무인지, 질을 추구하는 업무인지에 따라서도 누구 에게 적합한지 달라진다. 시간 인지에 왜곡이 있는 부하에게 꼼꼼하게 할 필요는 없지만 마감은 꼭 지켜야 하는 일을 맡 기면 마감일이 코앞으로 다가왔는데도 일이 끝나지 않아 곤 란해질 수 있다.

따라서 일을 맡길 때일수록 평소 수집해둔 정보가 위력을 발휘한다.

문제부터 공유한다

리더 혼자서 근접 발달 영역의 업무를 완벽하게 파악할 필 요는 없다. 무엇이 근접 발달 영역의 업무인지 파악하는 과 제든, 업무상의 문제든, 혼자의 힘으로 해결하기보다는 팀이 함께 힘을 모아서 해결하는 편이 더 옳은 방향으로 나아갈 수 있다.

해결을 위한 재료로서 필요한 것은 정보인데, 그 정보는 부하를 포함한 다양한 사람들이 가지고 있다. 그러니 리더는 먼저 진정한, 있는 그대로의 모습이 되어서 부하와 문제를 공유해야 한다. 무엇이 근접 발달 영역의 업무인지 파악한다는 과제라면 부하에게 다음과 같이 물어본다.

- "A사의 프레젠테이션을 자네에게 맡기고 싶은데, 어떤가? 혼자서 하라는 말은 아니야. 내가 조금만 도와주면 틀림없이 해낼 수 있을 거라고 생각하는데, 자네 의견을 듣고 싶네."
- "프레젠테이션을 하는 방법을 가르쳐줄까? 자네도 혼자서 할 수 있게 되었으면 좋겠어서 말이지. 그런 다음 A사의 프레젠테이션을 자네에게 맡기고 싶은데, 어떤가?"
- "A사의 프레젠테이션에 도전해보고 싶은 생각은 없나? 만약 그럴 마음이 있다면 맡겨보고 싶은데, 어떤가? 어려워하지 말고 자네 생각을 솔직하게 말해주게."

이때 A사의 프레젠테이션은 리더가 미리 검토한 결과, 근접 발달 영역에 해당하는 정답이어야 한다. 또한 A사의 프레젠테이션이 정답이라고 생각하더라도, 부하가 "죄송하지만

제게는 무리입니다"라고 고사할 수 있는 여지는 남겨두어야
한다.

이런 질문을 통해 부하와 대화하게 되고(=과제의 공유), "꼭
해보고 싶습니다", "자신이 없습니다" 등 있는 그대로의 솔직
한 반응을 부하에게서 이끌어내며(=정보 수집), 나아가 다른
부하에게서 "A사의 프레젠테이션 말인데, 담당자가 바뀌는
바람에 좀 더 까다로워졌습니다" 같은 추가 정보를 수집할
수 있다면, 팀 내에서 과제를 공유하면서 해결에 힘쓰게 되
며 무엇이 근접 발달 영역의 업무인지 파악하는 정확도도 높
아진다.

또한 부하의 처지에서 생각하면, 다짜고짜 "A사의 프레젠
테이션은 자네가 담당하게"라고 지시를 받기보다 리더의 제
안을 계기로 자신의 의사로 선택해서 A사의 프레젠테이션
을 담당하게 되었다고 생각하는 편이 의욕도 높아진다.

"말로 한 것은 잊어버리고, 배운 것은 기억하며, 함께 몰
두한 것은 공부가 된다Tell me and I forget, teach me and I may remember,
involve me and I learn."

이것은 내가 워크숍에서 인용하곤 하는, 18세기 미국의
정치가 벤저민 프랭클린의 말이다.

부하와 함께 몰두해서 공부가 되게 하자. 그렇게 성장을
촉진하는 것이 섬기는 리더십의 진수이기도 하다. 타인을 성

장시키면서 그 업무에 대해 다시 한 번 확인하게 되기 때문에 리더의 성장과 경험치에도 직접적으로 영향을 끼친다.

작은 결정권×작은 실패

근접 발달 영역을 파악하는 방법을 또 하나 소개하겠다. 실패해도 되는 업무에 일찌감치 도전시키는 것이다.

스탠퍼드에서는 학생들에게 종종 "빨리, 자주 실패하라Fail early, fail often"라고 말한다. 이른 시기에 많이 실패해보고 그 실패로부터 배우기를 바란다는 뜻이다. 픽사도 '부하에게 얼마나 일찍 작은 실패를 경험시키는가?'를 중요하게 여긴다고 한다. 커다란 실패를 경험시키면 부하가 망가져버리지만, 이른 단계에 작은 실패를 경험시키면 그것을 밑거름으로 삼아 성장할 수 있다.

작은 실패에 익숙해지면 근접 발달 영역이 확대되므로 부하는 조금 더 큰 일에 도전하게 한다. 그런 경우에는 도움의 손길을 내밀어주자. 다만 어디까지나 '작은 도움'이어야 하며, 대신 처리해줘서는 안 된다. 등을 밀어줘서 부하를 앞으로 나가게 한다는 넬슨 만델라의 가르침을 떠올리기 바란다.

방법을 가르쳐주는 것이 좋을 때도 있지만, 가르쳐주지 않고 부하가 궁리하게 하면 자유로운 발상이 나올지도 모른다. 중요한 점은 작은 결정권을 부여하고, 작은 실패를 시켜서 커다란 성장을 유도하는 것이다.

부하가 자신의 능력으로는 할 수 없는 일을 강제로 떠맡아서 하고 있다고 느끼는지 아니면 성장할 기회를 얻었다고 느끼는지는 평소의 관계에 의해 결정된다. 그렇기 때문에 섬기는 리더십을 발휘해서 부하에게 안전지대를 부여해 본심을 말할 수 있는 관계를 만들어두는 것이 상당히 중요하다.

섬기는 리더십을
단련하기 위한 사고방식

성과의 주인을 명확히 한다

근접 발달 영역을 파악했다면 한발 물러서서 부하가 앞으로 나가 주체적으로 과제에 몰두하게끔 등을 밀어주자. 리더가 앞으로 나가는 것이 아니라 부하가 앞으로 나가도록 밀어주는 것이다.

그러나 리더의 역할은 부하가 앞으로 나가도록 밀어주는 것으로 끝나지 않는다. 냉혹한 현실이지만, 비즈니스에는 반드시 결과가 따르며 결과에는 좋은 결과와 나쁜 결과가 있다. 좋은 결과와 나쁜 결과에 각각 적절하게 대응하는 것도 섬기는 리더십의 범위이다.

계약의 성립, 매출액 상승 등 부하의 도전을 통해 좋은 결과가 나왔을 경우에는 성과의 주인을 명확히 하자. 리더가 돕고 가르쳤더라도, 앞으로 나가서 그 업무를 진행한 사람은 부하다. 따라서 성과는 부하의 것이다. 부하가 이룬 성과를 자신의 것으로 만들어버리는 리더는 되지 않아야 한다. "내가 해서 성공한 거야. 부하는 그걸 도왔을 뿐이고"라며 부하를 밀어내는 순간, 자신이 앞으로 나가야 한다는 사고방식에 지배당하고 만다.

성과를 자신의 것으로 만들면 잠시는 기분이 좋을 것이다. 플레잉 매니저라면 개인의 성과가 될지도 모르고, 부하도 항의하지 못할지도 모른다. 그러나 업무의 성과를 빼앗은 순간 부하를 앞으로 나가게 하면서 시간을 들여 키워온 신뢰감이라는 섬기는 리더십의 성과는 전부 사라진다. 장기적으로 봤을 때 백해무익하다.

리더는 뒤로 물러나서 부하를 지원한다. 부하가 앞에 나선 안건은 전부 부하의 성과가 된다. 이것이 섬기는 리더십의 절대 조건임을 기억하자.

정직하게 평가한다

부하가 성과를 냈을 경우, 어떻게 평가할 것인가도 중요하다. 개인의 성과에 대해 일본은 높은 보수를 주는 경우가 적지만, 미국은 고액의 보너스나 승진이라는 명확한 보수를 준다.

성과의 평가는 일본의 문화나 회사 제도와 관계가 있으며, 리더 혼자 결정할 수 있는 것도 아니다. 그런 상황에서 리더가 진정성을 관철하는 일은 중요하다. 즉, 정직하게, 편견 없이, 공평하게 성과를 평가해야 한다.

일본은 조화를 중시하는 문화여서인지 주체가 된 부하도 팀의 일원이라며 '개인의 성과=팀의 성과'로 동일시하는 경향이 있는데, 나는 이에 반대한다. '모두 함께 노력했다'고 치부해버리면 기껏 앞으로 나갔던 부하는 실망하고 만다. 그러니 정직하게, 편견 없이, 공평하게 생각하자. 그 결과, 개인의 성과라고 생각하면 "자네가 해냈네"라고 분명하게 인정하고 "아주 잘했어!"라고 전하자. 올림픽 메달리스트인 아리모리 유코는 "나 자신을 스스로 칭찬해주고 싶습니다"라고 말했는데, 이렇게 생각하는 사람은 많다. 그리고 상사에게 인정받는 것은 부하에게 금전적인 보수 못지않게 소중한 평가임이 학술적으로도 밝혀졌다.

정직하게, 편견 없이, 공평하게 생각한 결과, '주체가 된 부하+팀의 협력의 결과'인 경우도 있다. 그때는 각각을 적절하게 평가하자. "이번에 담당인 ○○씨가 애써준 덕분에 놀라운 성과를 올렸어"라고 주체가 된 부하를 인정하고 칭찬한다. 그리고 이와는 별개로 "이번에는 팀의 협력도 훌륭했어"라고 인정한다.

심리학은 단순한 매뉴얼이 아니다. 따라서 모든 상황에 적용되는 규칙은 없지만, 그때그때 성실하고 솔직하게, 진실하게 평가하자. 모두의 앞에서 칭찬해주는 것이 좋은지, 일대일로 칭찬하는 것이 좋은지, 아니면 둘 다 좋은지, 정답은 없다. 섬기는 리더십을 발휘하고 그 부하에게 무엇이 최선일지 생각하면서 상황에 맞춰 판단하기 바란다. 평소에 안전지대에서 커뮤니케이션을 하고 있다면 모두의 앞에서 대대적으로 칭찬해주는 편이 좋은지, 식사라도 같이 하면서 일대일로 조용히 칭찬해주는 편이 좋은지, 판단할 수 있을 것이다.

리더가 앞에 나서야 할 때

부하가 앞으로 나가서 도전하도록 등을 밀어줘서 좋은 결과가 나왔을 경우에는 성과의 주인을 명확히 한다. 분명 부하의 것이지 리더의 것은 아니다. 이것이 섬기는 리더십의 절대 조건이다.

하지만 나쁜 결과가 나왔을 경우, 그 책임은 리더에게 있다. 이것도 섬기는 리더십의 절대 조건이다. 섬기는 리더십은 봉사하는 정신이다. 실패의 책임을 질 때만큼은 적극적으로 앞으로 나서야 한다. 강함을 지닌 봉사의 마음이 갖춰져 있을 때 비로소 적극적 리더라고 할 수 있다.

부하의 실패는 상사의 실패다. 만약 그 실패 때문에 피해를 본 사람이 있다면 앞장서서 사과하자. 리더는 부하를 위해 안전지대를 만들어줘야 하는 동시에 부하에게 안전망이 되어야 한다.

안전망과 섬기는 리더십에 관해 생각할 때, 나는 베렛 쾰러Berrett-Koehler 사의 사장 스티브 피어산티Steve Piersanti를 떠올린다. 베렛 쾰러 사는 샌프란시스코에 있는 작지만 훌륭한 출판사로, 일본에도 이 회사의 작품이 다수 번역되어 있다. 내 신작인 《마음챙김에서 일체감으로From Mindfulness to Heartfulness》를 출판해준 곳이기도 하다.

이전에 스티브는 출판사 조시 배스Jossey-Bass의 간부 사원이었다. 미국에서는 대형 출판사가 경영 · 판매를 담당하고 그 산하에서 작은 출판사가 출판하는 경우가 종종 있다. 조시 배스도 뉴욕에 있는 대형 출판사 맥밀런Macmillan의 산하에 있는 출판사였다.

1989년, 피어산티는 맥밀런으로부터 전화를 받았다. "실적이 하락하고 있어서 맥밀런 산하의 모든 회사에 10퍼센트의 비용 절감을 요청합니다. 아울러 구조 조정으로 여덟 명을 감원해주십시오."

맥밀런은 조시 배스의 모회사 같은 곳이므로 맥밀란의 명령은 절대적이다. 그러나 피어산티는 받아들일 수 없었다. 맥밀런 전체의 매출은 하락했을지 모르지만, 조시 배스는 히트작에 힘입어 이익이 전년 대비 44퍼센트 증가했다. 팀이 성과를 내고 있는 것이다. 게다가 전체 사원의 수가 68명인 작은 회사이므로, 모회사의 일방적인 사정으로 여덟 명을 해고할 수는 없었다.

피어산티는 경영진과 의논한 결과, 맥밀런의 요구를 거부하기로 결정했다. 부하의 안전망이 되고자 한발을 내디딘 것이다. 구조 조정 요청을 거부하는 서류를 보냈지만, 그것으로 상황이 원만하게 풀릴 리 없었다. 피어산티는 그의 상사와 함께 뉴욕으로 불려갔다. 장소는 미국을 대표하는 역사 깊은 호텔 월도프 아스토리아였다. 그런데 나란히 앉아 있는 맥밀런의 경영진들 앞에 선 사람은 피어산티뿐이었다. 그의 상사는 모습을 드러내지 않았다. 만델라와는 반대의 의미에서 부하의 등을 밀어버린 것이다. 맥밀런의 경영진은 구조 조정을 단행하도록 압박했지만, 그는 완강히 고개를 가로저었다. "저는 올바르지 못한 구조 조정은 할 수 없습니다."

캘리포니아로 돌아간 피어산티를 기다리고 있었던 것은 맥밀런에 설득당한 그의 상사와 인사부장이었다. "조시 배스는 명령에 따르지 않은 자네를 해고하네." 오후 2시, 그날이 다 가기도 전에 피어산티는 일자리를 잃었다.

그러나 이 일은 부하를 구조 조정으로부터 지키기 위해 자신을 희생한, 섬기는 리더의 비극으로 끝나지 않았다. 해고당한 그에게 많은 사람이 지원의 손길을 내밀었던 것이다. 저자와 서점, 출자자가 이번에는 피어산티의 등을 밀어줬다. "우리가 응원할 테니 새로운 출판사를 만드시오." 이렇게 해서 1992년에 피어산티가 이끄는 베렛 쾰러가 설립되었다.

부하에게 봉사하고 부하의 안전망이 되어준 피어산티의 섬기는 리더십이 많은 사람에게 이 사람이 진짜 리더임을 보여준 것이 아닐까? 피어산티는 타인에게 봉사하고, 성장하도록 힘을 빌려주고, 앞으로 나가도록 부하의 등을 밀어주고, 무슨 일이 있으면 안전망이 되어서 지켜준다는 섬기는 리더십을 체현하고 있다.

교사라는 직업은 섬기는 리더십 자체이기도 하다. "일류 대학을 나와서 교사가 되다니, 좀 더 돈을 많이 벌 수 있는 일자리가 있었을 텐데"라고 말하는 사람도 있을 것이다. 그만큼 타인에게 봉사하는 것을 수지타산이 맞지 않는 행위로 생각하는 풍조가 있다. 이 장의 첫머리에서 이야기했듯이, '부하에게 봉사하는 건 결국 내 손해야'라고 오해하는 사람도 있다. 그러나 실제로 섬기는 리더십을 발휘하면 팀원들에게 필요한 존재가 되고, 장기간에 걸쳐 신뢰를 쌓고, 팀의 성과도 상승하는 놀라운 효과를 실감하게 된다.

　나 또한 피어산티가 팀을 지켰을 때의 마음가짐을 떠올리면서 스탠퍼드의 교단에 선다. 미래를 짊어질 학생들이 다양한 능력을 갈고닦을 수 있도록 그들에게 봉사하기로 결심했기 때문이다. 내가 앞으로 나가는 것이 아니라, 그들이 앞으로 나갈 수 있도록 등을 밀어줄 것이다.

변화를 가져오는
변혁적 리더십

STANFORD LEADERSHIP CLASS

텐진 셀던
달라이 라마를 움직인
티베트 입학생

"변화는 피할 수 없는 것에 휘말려서 '일어나는' 것이 아니다. 스스로 곤란과 싸워서 '일으키는' 것이다. 등을 곧게 펴고 자유를 위해 계속 노력하자. 몸을 웅크리지 않는 한 누구도 당신 위에 올라탈 수 없을 테니."

마틴 루터 킹Martin Luther King, Jr., 〈스탠퍼드 데일리The Stanford Daily〉, 2012.11.05.

인종 차별과 싸웠고 "나는 꿈이 있습니다I have a dream"라는 연설로 유명한 마틴 루터 킹은 수많은 명언을 남겼으며, 많은 사람이 그의 뜻을 이어받았다. 스탠퍼드 대학교의 졸업생인 텐진 셀던Tenzin Seldon도 그중 한 명이다.

티베트 난민인 셀던은 가족과 함께 미국 서해안으로 넘어왔다. 부모는 버클리에서 티베트 소품을 파는 작은 잡화점을 열었지만, 생활은 궁핍했다. 오빠 두 명은 고등학교를 졸업하고 곧바로 일을 시작했고, 그녀는 무료로 다닐 수 있는 지역사회 대학에 진학해 2년 동안 공부한 뒤 스탠퍼드 대학교로 편입했다.

셸던에게는 꿈이 있다. 티베트와 중국의 평화를 실현하는 것이다. "티베트는 중국의 일부"라고 주장하는 중국 정부와 "티베트는 독립국"이라고 주장하는 티베트 자치구의 대립은 뿌리 깊으며, 여전히 해결되지 않고 있다. 텐진의 가족도 민족적인 국제 문제에 휘말려 모국을 떠나야 했다. 한낱 여대생이 티베트 자치구와 중국 정부가 모두 수긍할 만큼 지역을 변화시키기에는 상황은 너무나도 심각하며 중대해 보인다. 그러나 그녀는 목적을 달성하기 위해 행동하기 시작했다. 자신이 할 수 있는 작은 한 걸음을 내디딘 것이다.

미국의 대학에서는 학생도 운영에 대해 발언할 권리가 있다. 그래서 텐진은 학생 자치회에 들어가 학생 대표로서 의회에 참가했다. 먼저 스탠퍼드의 학생들을 변화시키는 것부터 시작하기 위해서였다. 처음부터 큰 변화를 일으킬 수는 없다. 하지만 지금 눈앞에 있는 작은 문제에 대해 행동해서 작은 변화를 일으킬 수는 있다.

"전 지구적으로 생각하되, 지역적으로 행동한다Think

Globally but Act Local."

이것이 그녀의 슬로건이었다.

변화를 일으키는 여정은 평탄하지 않았다. 아시아인답게 온화하고 따뜻하며 내면에 뜨거운 열정과 강한 뜻을 품고 있는 텐진의 발언이 주목받기 시작하자, 사건이 일어났다. 중국 정부가 그녀의 컴퓨터를 해킹한 것이다. 오늘날 컴퓨터는 사생활의 요체이기에 명백히 자유에 대한 침해였다. 킹 목사가 말했듯이, 투쟁하는 사람의 등은 언제나 그 위를 뒤덮으려는 거대한 힘의 표적이 된다.

그러나 그녀는 등을 곧게 펴고 있었다. 티베트의 상징인 달라이 라마에게 연락해, 스탠퍼드의 중국인 유학생에게 평화에 관해 이야기해달라고 요청한 것이다. 중국 정부를 향해 "나는 절대 지지 않아"라고 선언하듯이 말이다.

달라이 라마의 회담은 멋지게 실현되었고, 언론에 보도되는 등 거대한 반향을 불러일으켰다. 텐진은 또 한 걸음 나아간 것이다.

텐진은 스탠퍼드를 졸업한 뒤 옥스퍼드 대학교에서 공부했고, 현재는 샌프란시스코에서 난민을 지원하는 NPO(비영리 조직)를 운영하고 있다. 그녀는 작은 한 걸음을 착실히 내디디며, 사람들에게 평화라는 '변화'를 가져올 길을 나아가고 있다.

텐진은 내 제자이기도 한데, 내게 "새로운 심리학 수업을 구상해주십시오. 학생들이 리더로 변화할 수 있는 프로그램이 필요합니다"라고 말했다.

그녀의 말은 내가 리더십 프로그램을 새롭게 개발한 계기 중 하나이기도 했다. 그것이 바로 변혁적 리더십이다. 자신은 물론이고 타인에게도 '변용을 가져다주는 힘'이 누구에게나 필요함을 그녀는 말과 행동을 통해 다시 한 번 내게 가르쳐줬다.

신입으로 입학할 때든 편입할 때든, 미국의 대학에서는 에세이(소논문)를 매우 중시한다. 그리고 스탠퍼드에는 편입생이 상당히 드물다. 합격률이 제로에 가깝기 때문이다.

'나뿐만 아니라 티베트와 중국 사람들을 변화시키고 싶다. 지구라는 거대한 팀을 움직이며 변화시키고 싶다.'

텐진은 이 신념의 힘으로 스탠퍼드의 좁은 문을 열어젖혔다. 모두를 위해 봉사하는 섬기는 리더십의 소유자이며, 달라이 라마를 움직인 것에서도 알 수 있듯이 변화를 가져오는 변혁적 리더십 또한 겸비했다고 할 수 있다.

그녀는 스탠퍼드에서 로즈 장학금을 받았는데, 이는 세계에서 가장 오래된 장학금 제도다. 학비뿐만 아니라 생활비도 지원되는 것으로 1년에 몇 명만이 받을 수 있는데, 심사에서는 학업 성적뿐만 아니라 그 사람의 활동도 중시된다. 로즈 장학금을 받았던 유명인 중에는 빌 클린턴 전 미국 대통령이 있다.

미국에는 NPO를 설립하거나 창업해서 변화를 일으키려는 젊은이가 많다. 그중에는 유명해지고 싶고 힘을 갖고 싶다는 자아가 전면에 드러나는 사람도 많지만, 텐진에게서 제일 먼저 보이는 것은 '내 민족my people―모두를 위해'라는 겸손함이다. 해킹을 당하고도 중국 정부와 당당하게 맞서며 달라이 라마를 불러들인 것에서 알 수 있듯이, 사람의 마음을 움직이는 힘 있는 주장도 할 줄 안다. 강한 자아와 겸손함의 균형이 잡힌 적극적 리더로, 상황을 바꾸는 힘도 지니고 있는 것이다.

이 장에서는 그녀처럼 사람들을 움직이고 팀에 변화를 가져다주는 변혁적 리더십에 관해 이야기하려 한다. 그렇다고 해서 다짜고짜 정부와 맞서라든가 나라의 국력을 높이라는 거창한 제안을 할 생각은 추호도 없다. 먼저 작고 중요한 한 걸음부터 시작하자. 자신과 팀을 변화시키는 능력을 키워나가자. 그것이 변혁적 리더십을 갈고닦는 첫걸음이다.

자신을 변화시키고 나아가 팀을 변화시킬 수 있는 힘을 갖추는 것이 바로 변혁적 리더십인 것이다.

'변화'를 가져온다

'변혁'이란 무엇인가?

"변혁으로서의 교육Education as transformation."

나는 수업에서 '변혁transform'이라는 말을 종종 사용한다. 이는 심리학뿐만 아니라 철학이나 문학 수업에서도 자주 사용되는 단어로, 일본어로 치면 '변화'보다는 좀 더 본질적으로 달라지는 '변혁'에 가까운 느낌이다. 강아지가 성견이 되는 것이 변화라면, 알에서 병아리로 되는 것이 변용이다. 그리고 알이 애벌레로, 애벌레가 번데기로, 번데기가 나비로 바뀌는 것이 변혁의 좋은 예다.

심리학적 관점으로 인간의 발달을 살펴볼 때도 이런 비유가 사용된다. 갓 태어났을 때는 있는 그대로의 본질whole이지만, 경험이나 성장 환경, 마음의 상처 등으로 인해 점점 바뀌어가고, 자기를 알 수 없게 된다. 이는 본래의 자신이 나쁜 방향으로 바뀌는 예다. 나비가 될 가능성이 있는데도 '나는 애벌레야'라고 믿어버린다. 번데기 상태인 채 그 안에 틀어박혀서 현상 유지로 하루하루를 보낸다.

그러나 성장과 함께 번데기에서 나비가 되는 변혁을 이루면 자신의 힘을 최대한으로 발휘할 수 있게 된다. 즉, 심리학에서 말하는 'transform'은 본질로부터 달라지는 변혁인 동

시에 자신이 본래 지니고 있는 가능성을 끌어내고 활용해서
꽃피운다는 의미도 지니고 있다.

"변혁으로서의 교육"이란 이념을 가르쳐준 사람도 리처드
카츠 박사다. 의학이나 교육학 계열의 학생은 지식을 쌓는
데 그치지 않고 자신을 변화시키며 성장해야 한다. 언젠가
환자를 치료하거나 학생을 육성하는, '상대를 바꾸는 일'에
몸담을 것이기 때문이다. 따라서 젊을 때부터 깊은 층위에서
변화를 가져오는 변혁으로서의 교육을 스스로 실천하고 체
험할 필요가 있다는 것이 카츠 박사의 생각이었다.

'잊어버린 수업'과 '기억하는 수업'

심리학의 견식으로 자신을 변화시킨다는 변혁적 리더십 수
업을 시작한 계기는 텐진의 요청에 따른 것이지만, 지금은
미래를 짊어질 학생들에게 없어서는 안 될 수업임을 실감하
고 있다.

그들은 대체로 우수하지만, 오리 증후군으로 괴로워하고
있는 경우도 많다. 번데기 상태로 남아서 본래 지니고 있던
능력이나 가능성이 봉인될 위험성을 내포하고 있는 것이
다. 또한 그들이 살아갈 미래는 엄청난 속도의 변화에 노출
되어 있다. 변화하지 않으면 살아남지 못하는 가혹한 시대
다. 특히 스탠퍼드의 졸업생은 테크놀로지 업계 등 세계에서

변화 속도가 가장 빠른 곳에서 일하는 경우가 많다. 그래서 나는 그들이 주위의 변화에 휩쓸리지 않고 스스로 변혁하는 강함과 유연성을 갖추기를 바란다.

어느 해의 졸업식에서 내게 이렇게 이야기한 학생이 있었다.

"다른 수업들에서 배운 것들은 거의 기억하지 못하지만, 선생님의 수업만큼은 똑똑히 기억합니다. 단순히 지식을 배운 것이 아니라, 선생님의 수업을 통해 제가 달라졌기 때문입니다."

그 학생은 GPA(성적 종합 평가)가 높고 모두 A를 받은 우등생이었다. 그런 만큼 모든 수업을 열심히 들었을 테지만, 그는 다른 수업에서 배운 것은 '시험을 위한 지식'이라고 말했다.

"선생님의 수업은 제 인생에 도움이 되었습니다."

그와 포옹하면서 나는 교사로서의 기쁨과 긍지 그리고 변혁적 리더십의 중요성을 강하게 느꼈다. 다만 가르치는 것만으로는 의미가 없다. 심리학이라는 학문은 상대가 달라졌을 때 비로소 의미를 지니기 때문이다.

가장 높은 실적을 올리는 리더의 유형

비즈니스 현장에서는 '변화'가 필수다. 독일의 정보통신기술 회사에서 일하는 직원을 대상으로 흥미로운 조사를 실시했다. '상사의 리더십 유형'에 관해 조사해 변혁을 가져오는 리더와 실적 및 사원의 만족도 사이에 어떤 상관관계가 있는지 살펴본 것이다.

각 회사의 직원에게 "당신의 리더는 지적인 자극을 주고 있습니까?", "우수한 실적을 올리면 호의적인 피드백을 해줍니까?", "자신이 그룹의 목표 달성을 위해 공헌하고 있음을 실감하게 해줍니까?" 같은 질문을 하고, 많은 항목에 해당되는 리더일수록 변혁적 리더십의 수준이 높다고 가정했다. 그 결과, 높은 수준의 변혁적 리더십을 갖춘 리더가 이끄는 팀이 다른 유형의 리더가 이끄는 팀보다 실적이 뛰어나며 팀원의 만족도도 높다는 사실이 밝혀졌다.

변혁적 리더십을 갖춘 리더는 팀원들에게 신뢰받는다. 업무에 의미가 있다는 보람을 느끼게 하고, 한 사람 한 사람에게 도전과 성장의 기회도 주고 있었다. 이것은 '변화시키고 발전시킨다'는 변혁적 리더십이 팀원의 행복도에 긍정적인 효과를 가져다준다는 증거다. 그리고 높아진 팀원들의 행복도는 반드시 팀의 성과로 이어졌다.

"이 세상에서 살아남는 자는 힘센 자도, 지식을 가진 자도 아니다. 변화할 수 있는 자다."

이는 진화론으로 유명한 생물학자 찰스 다윈이 한 말이

다. 당신도 자신과 팀에 변혁을 가져와 가혹한 비즈니스의
현장에서 살아남기 바란다.

또다시 진정성 리더십으로

리더는 팀을 바꾸고 부하를 바꾸려 하지만, 먼저 자신이 바
뀌지 않으면 부하는 바뀌지 않는다. 자신은 그대로이면서 상
대만 바꾸려 한다면 이해를 얻을 수 없으며, 불필요한 알력
만 생겨난다.

반대로 말하면, 리더가 변화할 수 있는 팀은 결국 팀원들
도 누군가에 의해서가 아니라 스스로 바뀌고자 하는 주체성
을 갖게 된다. 이는 리더가 스스로 변화함으로써 팀원과 팀
에 '변화할 힘'을 주는, 변혁적 리더십에서 추구하는 경지다.

리더가 변화하기 위해서, 먼저 2장에서 설명한 진정성 리
더십(특히 뇌의 가소성)을 적극적으로 이용하자. 뇌의 층위에
서 자신을 변화시킬 기반을 만들어놓는 것이다. 충분한 휴
식, 싱글태스킹의 습관 등을 일상적으로 실천하는 것도 효과
적이다. 그다음 이 장에서 소개하는 팀에 변혁을 가져오는
변혁적 리더십을 갖춰나가자.

변혁적 리더십을 갖추면 어떤 변화에도 적응하고 성과를
낼 수 있다. 그리고 리더도 팀원도 변화할 수 있는 힘을 키움
으로써 개인으로서도 성장해나갈 것이다. 언제라도 바뀔 수

있고 어떤 상황에도 대응할 수 있다는 생각은 자신감으로 이어지므로 적극성과 주체성도 강해지며, 결국은 이 책이 이상으로 삼는 적극적 리더의 자질도 높아진다.

변화하고 싶지만
변화하지 못하는 리더들

고정된 마인드셋, 성장하는 마인드셋

리더가 변화하면 팀도 변화한다. 그러니 리더 자신부터 변화해야 한다. 그러나 현실에서는 이게 말처럼 쉽지 않은데, 그 근본에는 '사람은 그렇게 간단히 바뀌지 않는다'는 사고방식이 자리하고 있기 때문이다.

마인드셋mindset은 일반적으로 경험, 교육, 선입견을 통해 형성되는 사고방식이다. 마인드셋 연구의 일인자로 알려진 사람은 스탠퍼드의 교수인 캐럴 드웩Carol Dweck 박사인데, 나는 그녀가 하버드에 있었던 1980년대부터 알고 있었다. '지성을 포함해서 사람의 생산성은 노력 여하에 따라 향상될 수 있다'는 박사의 연구는 일본에서는 옛날부터 있었던 "하면 된다"는 신념을 뒷받침하는 것이어서 몹시 흥미로웠다.

드웩 박사에 따르면 마인드셋에는 두 종류가 있다. '고정

된 마인드셋fixed mindset'과 '성장하는 마인드셋growth mindset'이
다. 고정된 마인드셋은 어차피 바뀌지 않는다는 선입견이
다. 이런 마인드셋을 가진 사람은 새로운 것을 배우거나 성
장하기 위해 도전하지 않는다. 전례가 없는 일을 했다가 비
판받지 않으려고, 실패해서 창피를 당하지 않으려고 현상 유
지만 하면서 현명하고 우수해 보이도록 행동한다.

고정된 마인드셋을 가진 리더는 자신이 바뀔 수 없다고
생각해서 변화하지 않을 뿐만 아니라, 부하도 변화하지 않도
록 부하의 마음이나 능력까지 고정시키기 때문에 문제가 심
각하다.

"음, 마음은 이해하지만 자네한테는 무리가 아닐까?"

"그건 어려워. 전에도 나왔던 기획이지만 실패했다고."

"실패라도 하면 어떻게 책임을 질 건가? 손해만 볼 게 빤
하니 그만두게."

이러면 부하는 자기 부정을 당한 것처럼 느낀다. 도전하
지 못하고, 성장과 배움의 기회를 잃으며, 그 결과 변화하지
못한다. 무엇보다 그런 리더에게는 존경이나 신뢰를 느낄 수
없다. 오히려 마음이 멀어진다.

중요한 것은 리더 자신이 바뀔 수 있다고 믿고 '성장하는
마인드셋'을 갖는 것이다. 드웩 박사는 자신의 취약성을 보
여줄 수 있는 용기와 위험을 감수하면서 도전하는 자세를 가

지면 성장하는 마인드셋을 키울 수 있다고 말했다.

환경의 변화가 사람을 성장시키기도 한다

아무리 성장하는 마인드셋이 중요하다고 해도 고정된 마인드셋은 뿌리 깊게 박혀 있다. '내가 그렇게 간단히 바뀔 리가 없어', '부하나 팀을 바꾸기는 불가능해'라며 자신감을 갖지 못하는 리더도 있을 것이다.

'갑자기 리더가 되라는 지시를 받았지만, 나는 플레이어가 적성에 맞는다고. 리더는 너무 부담스러워.' 어쩌면 이제 막 리더가 되어서 이런 당혹감에 빠져 있을지도 모르지만, 이것은 변화할 기회. 사람은 '환경'에 따라서도 변화한다. 그동안 감춰져 있던 부분이 갑자기 성장할 수도 있다. 이렇게 말하는 이유는 나도 그런 경험을 했기 때문이다.

내가 어린 시절을 보낸 곳은 매사추세츠의 버크셔 카운티다. 피서지로 유명한데, 지금도 여름이 되면 보스턴 교향악단의 거점이 된다. 주민들은 대부분 백인이어서, 나는 중국인으로 오해받기도 하고 '잽Jap'이라고 불리기도 했다.

10대였던 나의 위치는 '성격 좋은 팀 플레이어'였다. 성적도 좋았고 비교적 무엇이든지 잘했지만, 적극적이지는 않았다. 애초에 미국의 고정관념에 따르면 아시아계 남성은 리더가 될 수 없었다. 그런데 27세가 되어 나 자신을 되돌아보기 위해 일본에 처음 왔을 때, 신기하게도 나는 당당하게 행동하기 시작했다. 그리고 미국으로 돌아간 뒤에도 미국에서 본 적극적 리더처럼 자기주장을 하고 내 의견을 분명하게 말할 수 있게 되었다. 나는 그 계기가 환경의 변화였다고 생각한다.

나는 미국에 있을 때는 수동적이었지만, 일본에 왔을 때는 적극적이었다. 다시 말해 나의 내부에는 두 요소가 모두 있었던 것이다. 이를 명확히 자각하고 균형을 잡으려 하자 변혁이 시작되었다. 미국에서만 살았다면 나는 '소극적인 아시아인'으로 취직해 번데기 속에 갇힌 채 살았을지 모른다.

환경의 변화는 변혁을 일으키는 좋은 자극이 된다. 지금까지 플레이어로서 일해왔던 부서를 떠나 새로운 팀의 리더가 되었다면, 이는 환경의 변화를 통해 자신이 변화할 절호의 기회다. 그러므로 성장하는 마인드셋을 키워나가기 바란다.

역할 성격에 사로잡히는 것은 위험하지만, 때로는 역할이 사람을 성장시키기도 한다. 스스로 리더가 되는 것은 무리라고 생각하거나, 실제로 지금은 그럴지도 모른다. 그러나 리더로 발탁되었다면, 리더가 될 가능성이 있다는 의미임을 자각하자.

상사가 아닌 '멘토'가 된다

리더로서 자신이 바뀔 수 있다는, 성장하는 마인드셋으로 전환했다면, 다음에는 팀을 바꿀 준비를 하자. 조직 심리학의 일인자인 버나드 배스Bernadrd Bass 박사에 따르면, 리더가 팀을 바꾸기 위해서는 'I'로 시작하는 네 가지 요소가 필요하다.

① Individualized('개인'으로서 대한다): 팀원을 팀 전체가 아니라 한 명의 인간으로서 존중한다. 상사가 아니라 멘토가 되자. 팀원 한 사람 한 사람의 감정과 욕구를 알고 공감과 함께 적절한 도움을 주며, 있는 그대로의 모습으로 커뮤니케이션을 하자. 도전할 과제를 제공해 의욕을 높여야 한다.

② Intellectual('지적'으로 자극한다): 스스로도 새로운 과제에 도전해 위험을 짊어지자. 팀원에게서 아이디어를 구하자. 팀원에게 자극을 줘서 창조성을 높인다. 자신의 머리로 생각할 수 있게 하고, 배움의 중요성을 가르친다. 배움의 기회를 주어야 한다.

③ Inspiration('마음'을 끌어당긴다): 알기 쉽고 명확하게 비전을 전하자. 리더는 매력적이고, 의욕을 불러일으키며, 수준이 높아야 한다. 할 수 있다는 전제 아래 왜 그 업무가 필요한지 '일하는 의미'를 전하자. 목적의식을 가져야 한다. 비전을 공유하기 위한 커뮤니케이션이 반드시 필요하다.

④ Idealized('이상적인 롤 모델'이 된다): 사람, 사회, 환경을 배려하는 윤리적ethical 행동으로 이상적인 롤 모델이 되자. 신뢰와 존경을 한 몸에 받는 사람이 되자.

변혁적 리더십이라는 말을 처음 사용한 사람은 작가인 제임스 번즈James Burns다. 그리고 버나드 배스가 이를 심리학적인 리더십에 적용했다. 현대의 기업가가 이것을 그대로 실천하기는 어려울 것이다. 그래서 이 책에서는 핵심을 그대로 유지하면서 쉽게 실행할 수 있는 방법을 소개하려 한다.

첫 번째로 팀원 한 사람 한 사람을 개인으로서 대하며 동기 부여를 높이는 방법부터 시작하자.

어떻게 사람을 움직이는가?

동기를 부여하라

제35대 미국 대통령 존 F. 케네디의 취임 연설에는 이런 구절이 있다.

"국가가 당신에게 무엇을 해줄 수 있는지 묻지 말고, 당신이 국가를 위해 무엇을 할 수 있는지 물어보시오Ask not what your country can do you, ask what you can do for your country."

이것을 현실에 대입하면, 회사가 자신을 위해 무엇을 해 줄 수 있는지가 아니라 자신이 회사를 위해 무엇을 할 수 있을지 한 사람 한 사람이 직접 생각해보는 것이 된다. 이런 의식이 있으면 팀은 변화한다. '우리는 리더'라는 원칙을 보더라도, 팀원 한 사람 한 사람이 자발적으로 바뀌기로 결심하는 것이 이상적이다.

켈리 맥고니걸Kelly McGonigal도《왜 나는 항상 결심만 할까?The willpower instinct》에서 의지력willpower의 중요성을 이야기했듯이, 리더가 외부에서 자극을 주는 것보다 본인이 바뀌겠다고 결심하고 의지력을 갖는 편이 훨씬 효과적이다. 여기에 행동이 더해지면 사람은 변화한다.

그렇다고 해서 팀원이 자발적으로 바뀌겠다고 결심하고 의지력을 가지기를 잠자코 기다려서는 안 된다. 언제나 이상과 현실에는 괴리가 있기 마련이다. 그러니 팀원에게서 바뀌겠다는 강한 동기를 이끌어내자. '이 일은 나한테 무리야'라고 생각하는 것이 아니라 '반드시 이 일을 해낼 수 있는 사람이 되겠어'라는 마음을 강하게 먹고 행동하도록 유도하는 것이다.

그런데 동기 부여와 관련해서 많은 리더가 실수를 저지른다. 당근으로 말을 달리게 하듯, 보너스나 특별 휴가 같은 외부 요인으로 의욕을 이끌어내려고 하는 것이다. 보너스 등의 외적 동기extrinsic motivation와 본인의 내부에서 분출되는 내적 동기intrinsic motivation는 분명한 차이가 있다. 그리고 내적 동기가 더욱 강력하다.

내적 동기와 외적 동기를 비교한 어느 연구 결과, 내적 동기가 충분할 경우 극단적으로 높은 외적 동기를 제시한 경우보다도 높은 성과를 내는 것으로 나타났다. 또한 다른 연구에서는 외적 동기가 도움이 되기는커녕 해만 끼친다는 결과가 나왔다. 특히 창조성과 주체성이 필요한 업무에서는 "보너스를 줄 테니 좋은 기획을 짜내시오"라는 식의 외적 동기 부여가 의욕을 떨어뜨려 나쁜 결과로 이어졌다.

'눈앞의 당근'이 창조성과 주체성이라는 비즈니스 측면과 부하의 성장이라는 측면에서 가장 중요한 요소를 망쳐버린다는 것이다.

외적 동기는 한계가 있다

돈이나 지위라는 외적 동기는 효과가 없을 뿐만 아니라 오히려 해가 된다면, 다른 방법은 어떨까? 칭찬하고 명예를 줘서 사람의 마음을 자극하는 작전이다.

"자네의 마케팅 센스는 어디에 내놓아도 부끄럽지 않아."

"자네의 프로그래밍 기술은 우리 팀에서 가장 뛰어나. 모두 인정하고 있어."

이는 개인에게 초점을 맞추고 있으며, 상당히 효과가 있을 것 같다.

팀원 중 한 명에게 "자네의 기획력이 최고야"라고 전한 다음, 팀 전원에게 같은 과제를 부여하는 실험을 했다. 그러자 기획력이 최고라는 말을 들은 팀원은 열심히 일했고 성과도 우수했으며 다른 팀원에게도 협력적이었다. 팀 전체의 성과라고 생각하기도 했다. 그러나 이런 모습은 오래 지속되지 않았다. 처음에는 동기 부여가 되었던 높은 평가에 어느덧 만족하지 못하게 된 것이다.

'보너스 20퍼센트 증가'라는 외적 동기는 금방 당연한 것이 되기 때문에 계속 보너스를 높이지 않으면 의욕이 이어지지 않는다. 그런데 개인에게 초점을 맞춘 평가도 그것이 외적 동기인 이상은 그 효과가 오래가지 않는다.

모두가 무기력해지는 메커니즘

"달성하면 특별 보너스!"라는 외적 동기로 사람을 바꾸려 해도 불가능하다는 것은 이제는 이해했으리라 믿는다. 그런데 이와 관련해 주의해야 할 점이 또 한 가지 있다. '위협'이라는 형태의 외적 동기를 사용하고 있지는 않은가 하는 점이다. 벌을 주거나 위협하는 방법도 심리학에서는 외적 동기로 본다. "실패하면 보너스 삭감이야"와 같은 구체적인 위협은 아니더라도, "이번에도 실패한다면 자네에 대한 기대는 접겠네", "이게 마지막 기회야"라는 말로 부하에게 압박감을 주며 억지로 바꾸려 하지는 않는가?

이는 효과가 없는 방법이니, 혹시 짚이는 데가 있다면 고치기 바란다. 리더는 별생각 없이 던진 말이라도 부하에게는 견디기 어려운 충격을 줄 위험성이 있다.

긍정 심리학의 아버지로 불리는 마틴 셀리그먼Martin Seligman이 실시한 유명한 실험이 있다. 셀리그먼은 낙관적이고 긍정적인 것, 괜찮다고 믿을 수 있는 것이 얼마나 중요한지 증명하기 위해 그와 반대되는 실험을 여러 차례 실시했다. 예를 들어 개에게 전류로 충격을 주는 실험에서 세 가지 방을 준비했다.

- 전류가 흐르지 않는 평범한 방 A
- 개가 머리를 움직여서 스위치를 누르면 전류를 멈출 수 있는 방 B
- 무슨 짓을 해도 전류를 멈출 수 없어 개가 심한 전기 충격을 받게 되는 방 C

셀리그먼은 각각의 방에 개를 두 마리씩 집어넣었다. 먼저 한 마리는 실험을 받게 하고, 나머지 한 마리는 전기가 통하지 않는 안전한 쿠션 위에서 실험을 지켜보게 했다. 그리고 몇 차례 전류를 흘린 뒤, 이번에는 쿠션 위에서 실험을 지켜보던 개가 실험을 받게 하고 그 모습을 기록했다.

전류가 흐르지 않는 방 A에 있었던 개는 별다른 변화를 보이지 않았다. 동료가 실험을 받는 모습을 보고 '머리를 움직이면 전류가 멈추는구나'라고 학습한 방 B의 개는 전류가 흐르면 즉시 머리를 움직여서 스위치를 눌렀다. 그리고 불쌍하게도 방 C의 개는 전류가 흘러도 저항조차 하지 않았다. 아무리 도망쳐도 결국 전기 충격을 받고 괴로워하는 동료의 모습을 봤기 때문에 '무엇을 한들 소용이 없다'고 포기해버린 것이다. 이것을 '학습된 무력감'이라고 한다.

이것은 셀리그먼의 초기 연구로, 개를 좋아하는 나로서는 눈을 돌리고 싶어진다. 지금은 동물 학대이고 비윤리적 실험이기 때문에 실행하기 어려울 것이다.

실험에 대한 시비는 차치하고, 상사 갑질이나 도덕적 괴롭힘에 관한 의식이 높아진 지금, 비즈니스 현장에서 부하를 위협하는 리더는 줄어들고 있는 것으로 보인다. 그러나 본보기를 보이듯이 부하 한 명을 심하게 몰아붙이기만 해도 팀 전체가 무기력해져서 움직이지 않게 된다. 집단에서는 감정이 전염된다는 사실을 떠올리기 바란다.

학습된 무력감은 '무엇을 하든 소용없다'는 동료의 모습을 봤을 때뿐만 아니라 무엇을 하더라도 회피할 수 없는 스트레스 과다 환경에 놓인 사람에게도 나타난다. 즉, 무엇을 하더라도 바뀌지 않는 환경이 오래 계속되면 팀원은 모두 무력감을 학습하며, 여기에 현상 유지 편향이 더해지면서 변화를 거부하는 팀 체질이 된다.

내적 동기를 이끌어내는 방법

팀원을 외부에서 바꾸려 하거나, 오래 지속되지 않는 방법으로 바꾸거나, 바뀌는 건 무리라며 포기해서는 안 된다. 그래서는 리더로서 실격이다. 내적 동기를 올바르게 이끌어내는 방법은 다음과 같다.

① 업무의 목적과 개인의 목적을 연결시킨다.
② 리더 자신이 변화해서 롤 모델이 된다.
③ 팀원이 자신의 업무에 주체적으로 몰두할 수 있도록 만든다.
④ 팀원의 강점과 약점을 이해한다.
⑤ 팀원의 능력을 높이고 변화를 촉진하는 도전적 과제를 부여한다.

먼저 업무의 목적과 개인의 목적을 연결시키는 것에 관해 살펴보자. 스탠퍼드의 명예 교수인 조지프 버거Joseph Berger 박

사는 사회심리학적 측면에서 변혁적 리더십 연구를 실시했
는데, 팀원 개인의 목적을 전체의 거대한 목적의 일부로 변
화시킬 경우 자발적으로 동기를 이끌어낼 수 있다고 한다.
즉, 팀원의 목적이 돈을 벌고 싶다거나 자신의 매출을 높이
고 싶다는 것과 같은 개인적인 것이라면 동기는 그다지 부여
되지 않는다. 하지만 '내 매출을 높이면 회사 전체의 실적이
올라서 상반기 목적 달성에 공헌할 수 있어', '상사가 시킨 자
료 작성은 따분한 작업이야. 하지만 이 자료가 있으면 회사
의 거대 프로젝트에 대한 프레젠테이션이 설득력을 지닐 거
야'와 같이 생각이 전환되면 진정으로 의욕을 지니게 된다.

리더는 이런 변화를 일으키기 위해 '상사라는 높은 지위'
가 지닌 영향력을 활용하는 편이 좋다고 버거 박사는 말했
다. 1977년에 버거 박사가 실시한 공동 연구에 따르면, 지위
가 높은 사람일수록 집단의 구성원에 대한 영향력이 유의미
하게 강해진다. 예를 들어 입사 2년 차인 젊은 사원에게 "○
○씨의 업무 능력은 우리 회사에 중요한 자산입니다"라는 말
을 들었다면 기분이 어떨까? 머리로는 누구의 의견이든 편
견 없이 들어야 한다는 것을 알더라도, 그 말을 듣고 '좋았어,
열심히 하자!'라는 생각이 들지는 않을 것이다. 반대로 불쾌
해질지도 모른다. 그러나 같은 말을 상사나 간부 사원, 사장
에게 들었다면 '일을 하는 보람이 있구나. 기대받고 있으니

더 열심히 일해야겠다'는 생각이 들지 않을까? 바람직한 현상인지 아닌지는 둘째 치고, 이것이 인간의 심리인 것이다.

모든 사람은 개인적인 생물이다. 그러므로 리더는 높은 지위의 영향력을 이용해 먼저 "자네가 노력해줘야 하네"라며 개인에게 접근하자. "자네의 위치라면 이해하겠지"라든가 "일이니까 하게"와 같이 역할에 접근하거나 "이 업무를 부탁하네"라며 기계적으로 할당해서는 안 된다. 있는 그대로의 진실한 태도로, 섬기는 리더십을 통해 구축한 봉사의 마음으로, "이 업무는 자네에게 딱 어울리는 일이고 성장에도 도움이 될 걸세"라고 전한다. 그런 다음 "자네의 노력은 전체의 이익이 될 걸세"와 같이 거대한 목적으로 연결시킨다.

전체의 이익을 언급할 때, 범위를 회사로 한정할 필요는 없다. 사회 전체의 이익이라는 윤리적 관점이어도 상관없다. 오늘날에는 어떤 기업이든 환경이나 사회에 공헌하는 활동을 펼치고 있으며, 그런 높은 관점을 가진 리더는 신뢰와 존경의 대상이 된다. 상당히 어려운 일이기는 하지만, 배스 박사가 말한 '변혁에 필요한 네 가지 요소' 중 하나인 Idealized(이상적인 롤 모델이 된다)로 연결될 것이다.

도전적 과제를 부여한다

내적 동기를 이끌어내는 다섯 가지 방법 가운데 '리더 자신이 변화해서 롤 모델이 된다'는 것은 이미 이야기한 대로다. 리더가 변화하지 않으면 팀은 변화하지 못한다.

세 번째 '팀원이 자신의 업무에 주체적으로 몰두할 수 있도록 만든다', 네 번째 '팀원의 강점과 약점을 이해한다'는 3장의 섬기는 리더십을 이용하기 바란다.

다만 사람을 움직이는 변혁의 힘을 발휘하려면 섬기는 리더십처럼 등을 밀어주는 작은 도전보다 좀 더 벽이 높은 도전이 필요하다. 그것이 다섯 번째 '팀원의 능력을 높이고 변화를 촉진하는 도전적 과제를 부여한다"는 항목이다. 도전적 과제란 어떤 것일까? 3장의 근접 발달 영역을 떠올리기 바란다. 봉사하는 마음을 가진 섬기는 리더가 부하에게 맡기는 영역은 '상사가 조금만 도와주면 할 수 있는 일', '상사가 가르쳐주면 할 수 있는 일', '부하가 도전하고 싶어 하는 일'이었다. 그러나 부하를 변용시키는 변혁적 리더십을 발휘한다면 부하에게 부여하는 도전적 과제는 능력의 발전이 상당히 필요한 일이 좋다. 그러면 부하는 노력할 수밖에 없으며, 노력을 통해 능력이 향상되면 변화하고 성장할 수 있다.

다만 무엇이든 높은 수준의 일을 부여하면 되는 것은 아니다. 인간은 그렇게 단순하지 않다. 그러므로 리더가 적절한 과제를 선정하는 것이 중요하다. 그렇다면 어떤 기준으로 선정해야 할까? 먼저 본인의 목적과 전체의 목적으로 이어지는 것을 고르자. "이 목적을 달성하려면 자네의 힘이 필요하네"라고 명확한 목표를 제시하면 무엇을 지향해야 할지 부하에게 전달된다. 또한 '내가 맡은 업무가 팀의 업무로 이어지고 있다'고 느끼게 할 수 있다면 노력하기 위해 필요한 동기를 내부에서 이끌어낼 수 있다.

구체적으로는 지금까지 상사의 도움이나 가르침을 받으면서 한 적은 있지만 부하가 혼자서 해 본 적은 없는 일, 처음 하는 일이지만 지금까지 해왔던 일의 응용으로 도전할 수 있을 것 같은 일을 고르면 된다. 내적 동기가 높아진 팀원이 도전적 과제를 완수해 성과를 낸다면 그 팀원은 성장하고 변화한다. 또한 팀의 목표도 달성할 수 있으므로 리더로서는 일석이조다.

그러려면 리더는 '팀의 목적'을 부하에게 명확하게 알려야 한다. 앞에서도 이야기했듯이, 팀의 중요 사항을 자각하고 있는 팀원의 수는 리더의 생각보다 적은 것이 현실이기 때문이다. 그래서 "이 목적을 달성하기 위해 노력하자!"라고 부하의 마음을 움직일 필요가 있는데, 이에 도움을 주는 최강의 도구가 있다. 바로 '스토리텔링'이다.

스토리텔링의 힘

팀의 목표가 '자신의 일'이 된다

나는 수업에서 이야기 심리학narrative psychology을 종종 이용한다. 이 주제로 책도 썼는데,《다문화의 조우: 카운슬링에서 내러티브의 사례Multicultural Encounters: Case Narrative from a Counseling Practice》에서는 정체성의 발달을 이해하기 위해 이야기 심리학을 도입했다.

이야기 심리학은 1986년에 사회심리학자인 시어도어 R. 사빈Theodore R. Sarbin 박사가 《이야기 심리학Narrative Psychology》에서 내놓은 개념으로, 인간의 생활이나 사고에서 이야기(스토리)가 어떤 역할을 하는지 연구하는 학문 영역이다. 사빈 박사에 따르면, 전해져 내려오는 온갖 이야기들은 '인간은 어떻게 행동하는가?'를 연구한 데이터의 보물창고다. 따라서 스토리를 연구하면 인간이 어떻게 느끼고 행동하는지를 해명할 수 있다는 것이 그의 주장이다. 인간은 사실을 하나하나의 사상으로서 이해하는 것이 아니라 전부 합친 하나의 스토리로 이해하며, 스토리가 알기 쉬운 것일수록 타인과 공유하기가 쉽다.

이야기 심리학은 교육학부에서 가르치는 것이라는 인식이 있었는데, 최근 수년 새 비즈니스에도 도움이 된다고 알려져 하버드의 케네디 공공정책대학원에서 수업이 실시되고 있다. 픽사 같은 기업의 '스토리 전략'도 이야기 심리학을 응용한 것이다.

먼 옛날부터 이야기에는 사람의 마음을 끌어당기고 감정을 움직이는 힘이 있었다. 역사상의 위대한 인물은 이야기가 있기에 기록되었으며, 오늘날까지 그 인물상이 회자되고 있다. 그들의 이야기에서 교훈이나 문화가 탄생하고, 정신이 계승되었다.

신경과학과 경제학을 융합시킨 신경경제학자 폴 잭Paul Zak 박사에 따르면, 이야기는 듣는 사람의 주의를 끌고 뇌를 자극한다. 이야기를 들으면 행동을 일으키는 뇌 내 화학 물질인 옥시토신이 분비되는 것이다. 옥시토신은 공감과도 관련이 있기 때문에 이야기를 하는 사람과 듣는 사람은 유대를 맺을 수 있다. 행동과 공감을 부른다면 이야기는 부하를 지도하거나 팀을 만드는 데도 도움이 될 것이다.

사람은 감정으로 움직인다. 따라서 리더가 "내 목적은 리더로서 회사로부터 부여받은 숫자를 달성하는 것이고, 우리 팀의 목적은 상반기에 계약 건수 1,000건을 달성하는 것이야"라는 식으로 말해서는 부하들의 마음을 절대 움직일 수 없다. 변혁을 촉진하기는커녕 이야기조차 들어주지 않을 가능성도 있다. 또한 "자네가 5천만 원짜리 계약을 따낸다면 상반기 매출 목표의 10분의 1이 되어서 자네의 역할을 다할 수 있네"라는 식으로 말한다면 부하는 의욕이 솟지 않는다.

그러나 부하를 주인공으로 한 감정이 담긴 스토리라면 이야기는 달라진다. 부하가 5천만 원짜리 계약을 따내는 것은 부하 '개인'의 목적이나 열정으로 이어지며, 그 노력은 결과적으로 팀 전체의 '목표 달성', 즉 해피엔딩으로 이어진다는 스토리다. 이를 위해 사용할 수 있는 무기, 등장하는 적이나 시련, 주위 사람들의 협력이나 응원 등을 부하의 성장·열정과 관련시키며 스토리로 제시한다. 이것이 사람을 움직이는 스토리텔링의 힘이다. 스토리의 힘으로 부하의 목적과 전체의 목적을 연결시켜 의욕을 북돋우자.

세 가지 스토리

이야기 심리학은 리더가 팀에 목적을 알리고 이해시킬 때도, 내적 동기를 이끌어내려 할 때도 도움이 된다. 물론 설득력 있게 이야기하는 방법으로서 상대의 눈을 보며 말한다는 등 기본적인 테크닉이 있는데, 이것은 심리학이라기보다 이를 응용한 커뮤니케이션 이론이다.

내적 동기를 이끌어내 성장이라는 변화를 일으킬 때 유용한 것은 '세 가지 스토리'다.

① story of self: '나'의 이야기. 리더가 한 명의 인간으로서 '무엇을 위해 일하고 있는가?'를 이야기한다. 리더의 목적, 강점이나 능력, 과거에 저질렀던 실패와 약점을 있는 그대로 이야기하자. 다만 이것은 스토리 전체의 시작 부분으로, 자신이 주역이 될 필요는 없으며 주역이 되어서도 안 된다. 또한 리더의 실패담은 결과적으로 그 실패를 통해 성장한 이야기가 좋다. 개인에게는 중요하더라도 팀과는 관계가 없다고 생각되는 이야기 또한 피해서 공감을 부르도록 하자.

② story of us: '우리'의 이야기. 팀이나 회사라는 우리가 어떤 팀인지, 무엇을 위해 이 일을 하는지를 이야기한다. 팀의 업무의 밑바탕에 자리하고 있는 가치관을 공유하기 위해 팀의 이야기를 하는 것은 리더의 중요한 임무다. 그렇게 하면 팀의 개성이나 정체성도 형성된다. 팀의 이야기도 과제의 극복이나 가치관·목적과 관련이 있는 것이 좋다. 중요한 점은 '할 수 없어'라는 절망이 아니라 '할 수 있어'라는 희망을 주는 내용이어야 한다는 것이다. 미국 문화는 어디까지나 개인의 이야기가 중심이 되지만, 일본 문화는 개인의 이야기와 팀의 이야기가 겹치기 쉬운 까닭에 '우리'의 이야기가 더욱 중요해진다.

③ story of now: '지금'의 이야기. 팀이 가치관을 공유했다면 긴급한 과제를 명확히 하거나 팀의 가치관을 무너뜨리는 문제

점을 명확히 하는 '지금'의 이야기를 하자. '지금'의 이야기를 통해 팀에 어떤 강점이나 중요성이 있는지 새삼 확인할 수 있다. 또한 과제의 해결이나 목표 달성을 위해 첫걸음을 어떻게 내디뎌야 할지도 보이게 된다.

이 세 가지는 하버드 비즈니스 스쿨의 퍼블릭 내러티브 Public Narrative 수업에서도 도입한 방법으로, 14주에 걸쳐 스토리의 힘을 단련한다. 그만큼 비즈니스 현장에서 중요한 프로그램이라는 의미일 것이다.

사람은 누구나 마음속 어딘가에서 자신이 바뀔 수 있다고 믿고 싶어 한다. 그런 까닭에 바뀌기 위해서라면 위험을 감수하고 도전한다. 그런 부하가 자신의 능력과 가능성을 진심으로 믿을 수 있도록 돕는 것은 리더의 중요한 역할이다. 스토리의 힘을 활용해 부하의 도전을 적극적으로 후원해주자.

'나의 이야기'를 준비하라

이야기하는 능력에는 개인차가 있다. 일종의 재능이라 모두가 훌륭한 이야기꾼일 수는 없다. 그러나 걱정할 필요는 없다. 스토리텔러가 되어야 하는 리더를 위한 좋은 방법이 있다. '나의 이야기'를 미리 준비해놓는 것이다. '나의 이야기'는 세 가지 스토리 중 첫 번째인데, 사람을 움직이는 힘은 가장 크다.

요코스카의 미군 기지에서 워크숍을 하던 시절, 나는 항상 '나의 이야기'부터 시작했다.

"저는 미국인 아버지와 일본인 어머니 사이에서 태어나 양국 문화의 영향을 받으며 성장했습니다. 정체성에 고민하던 시기도 있었지만, 미국과 일본을 연결하는 일을 하는 것이 제 인생의 의미임을 깨달았습니다. 그래서 그것을 소논문으로 써서 하버드 대학원에 입학할 수 있었고, 지금은 그 일을 하고 있습니다. 그리고 오늘은 여러분을 위해 이 자리에 섰습니다."

좀 더 스토리를 드라마틱하게 만들려면 당시 전쟁이 끝난지 얼마 되지 않은 일본에서 적이었던 미국인을 집에 살게한 할머니의 이야기를 본래 무사의 가문이라는 이야기와 섞어가며 할 수도 있지만, 그렇게 되면 워크숍의 서론으로서는 지나치게 길어진다. 목적은 내가 주역이 되는 것이 아니라 어디까지나 워크숍 참가자들의 마음을 사로잡고 심리학의 지식을 바탕으로 변화를 촉진하는 것이므로, 이야기를 '우리의 이야기'로 연결시켰다.

"여러분도 미군 기지라는 미국과 일본의 문화가 복잡하게 섞여 있는 직장에서 미군이라는 상사와 충돌해 고민할 때도 있을 겁니다. 저는 도쿄 대학교에서 일본인 학생과 유학생들을 가르치고 있기 때문에 서로 다른 문화가 섞여 있는 직장이 얼마나 힘든 곳인지 잘 알고 있습니다."

그리고 이어서 지금의 과제나 목적을 이야기했다.

"여러분 또한 미국과 일본을 연결하는 가교 역할을 하고 있습니다. 여러분은 두 나라 모두에 매우 소중한 존재이지요. 그래서 오늘은 어떻게 커뮤니케이션을 해야 좋을지에 관해 이야기하려고 합니다."

개인적인 이야기를 하는 것은 진실해지는 것이기 때문에 듣는 사람은 인간 대 인간으로서 귀를 기울인다. 내 이야기를 한 사람 한 사람이 자신의 일로 생각하게 되는 것이다.

리더로서 들려줄 '나의 이야기'는 출생과 성장, 실패나 좌절, 신입 사원 시절의 이야기도 좋다. 다만 어떤 이야기를 하든 자기만족으로 끝나지 않도록 '우리(팀/회사)의 이야기'로 연결시키고, 나아가 '지금의 이야기(목적이나 과제)'로 연결시키도록 하자. 이를 위해서는 '나의 이야기'를 몇 가지 준비해놓는 것이 좋다. 아무리 자신에 관한 이야기라고 해도 갑자기 만들어내기는 어렵다. 그러므로 평소에 준비해놓아야 한다.

이야기를 어떻게 시작할 것인가?

이야기의 핵심은 시작이다. 그래서 나는 처음에 깜짝 놀라게 해서 주의를 끄는 방법을 자주 사용한다. 놀란다는 것은 곧 감정에 호소하는 것이기 때문에 사람을 움직이고 변화를 촉진하기가 쉽다. 예를 들어 나는 학기의 첫 수업에서 기모노를 입고 교실에 들어가 일본어로 말하는 경우가 있는데, 그러면 학생들은 반드시 나를 주목하게 된다.

예상 밖이거나 이해가 불가능한 상황과 마주했을 때 불안감이나 초조함을 느끼게 되는데, 그런 감정뿐만 아니라 놀라움과 호기심도 일기 때문에 이 방법은 효과적이긴 하다.

그렇다고 해도 기업가가 갑자기 기모노 차림으로 나타나 타국의 언어로 말하기 시작하는 것은 무리가 있으며, 나 또한 미군 기지의 워크숍에 기모노 차림으로 가지는 않았다. 상대가 이상한 사람이라고 생각하고 오히려 마음의 문을 닫아버릴지도 모르기 때문이다. 그러나 개인적인 이야기로 시작하면 그것만으로도 충분히 의외성이 있기 때문에 비슷한 효과를 끌어낼 수 있다. 비즈니스의 현장에서는 모든 사람이 역할이라는 갑옷을 걸친 채 있는 그대로의 자신을 보여주지 않기 때문에 진실해지는 것만으로도 예상 밖이 되는 것이다.

리더는 결론부터 먼저 말해야 한다는 등 논리적으로 이야기하는 것만을 생각하지만, 정말로 타인을 움직이고 싶다면 논리가 아니라 감정으로 접근하는 편이 좋다. 그런 의미에서도 스토리의 힘, 의표를 찌르는 첫마디로 시작되는 이야기의 힘은 강하다 할 수 있다.

피드백이 반드시 필요하다

무의식적으로 방치해서는 안 된다

마라톤 경험자로서 달리기에 그다지 익숙하지 않은 사람을 마라톤 풀 코스에 뛰게 하려면 먼저 함께 뛰어야 한다. 그래서 상대가 달리기에 익숙해지면 작은 도전을 하듯이 하프 마라톤 대회에 참가하도록 등을 밀어준다. 이것이 섬기는 리더십이다. 그러나 이 방법만으로는 상대를 마라톤 풀 코스를 뛸 수 있는 마라토너로 만들지 못한다. 변혁적 리더십이란 여기에서 한발 나아가 자발적으로 마라톤 풀 코스에 도전하도록 만드는 것이다. 마라톤 풀 코스라는 하나의 목적을 이루어내면 그 사람은 성장하고 변화한다.

변혁적 리더십을 갖춘 리더는 사람의 마음을 움직이는 스토리의 힘을 이용해서 부하에게 명확한 목표를 제시한다. 목표란 팀의 목적이며, 그것은 부하의 목적이기도 하다. 이것을 실감하면 부하는 내적 동기가 생겨 자발적으로 움직인다.

그러나 마라톤 풀 코스는 길다. 리더가 도중에 적절히 수분을 보충하도록 하거나 "그런 식으로 뛰면 금방 지쳐버려" 같은 조언을 해주지 않으면 부하는 완주하지 못한다. 도전한 업무를 완수하는 데 성공하지 못하면 부하는 변화하지 못하며, 변화하더라도 좌절해서 마음을 닫아버리는 식의 나쁜 변화가 일어날 수 있다. 그래서 필요한 것이 피드백이다.

피드백을 싫어하는 리더들

피드백이라는 말 자체는 자주 사용되지만, 피드백을 싫어하는 리더가 많다. 미국에서는 "건설적인 비판을 부탁드립니다"라는 말을 자주 한다. 문제가 있으면 기탄없이 말해달라고 덧붙이는 상투적인 문구다.

1장에서 내가 도쿄 대학교에서 학생들을 가르쳤을 때 외국인 유학생이 일본인 학생의 발언에 "목소리가 작아서 잘 안 들립니다"라고 지적했다는 이야기를 했는데, 이것은 미국에서는 지극히 일반적인 건설적 비판, 즉 피드백이다. 그런데 일본에서는 비즈니스 현장에서도 미움받는 것이 두려워 상대가 틀렸어도 지적하지 못하는 리더가 많다.

또한 부하의 성장을 위해 용기를 내어 "그건 그렇게 하면 안 돼. 다른 방법을 써보는 편이 좋아"라고 피드백을 했는데, 부하가 이해해주지 않는 경우도 있다. "사사건건 참견하는 시끄러운 상사네"라며 싫어하거나, "자기 방식을 강요해서 못해먹겠어"라며 뒤에서 험담하기도 한다. 젊은 부하라면 속으로 '요즘 센스를 전혀 모르네. 고루해'라며 무시할지도 모른다. 그러면 리더는 피드백을 그만두고 만다. '악역이 되는 건 싫어', '피드백을 한들 어차피 부하는 바뀌지도 않을 텐데', '말이 통하지 않으니 피드백을 한들 나만 손해야'라며 포기하는 것이다.

사실 피드백이 당연한 미국에서도 상사의 80퍼센트가 피드백은 부담스럽다고 대답했다는 조사가 있다. 리더에게 피드백은 세계 공통의 난제라고 할 수 있을 것이다.

피드백은 의욕을 높인다

아무리 부담스러워도 리더가 피드백을 해야 하는 이유는 피드백이 부하를 성장시키고 변화시키는 데 효과적이라는 명확한 근거가 있기 때문이다. 한 연구에서는 피드백이 부하의 학습 의욕이나 업무 의욕을 높이고 변화시킬 수 있는 좋은 방법이라는 결과가 나왔다. 빈번하고 구체적인 피드백은 안심하고 일할 수 있는 팀의 문화를 형성하고, 부하의 만족감, 업무에 몰두할 수 있는 정도, 생산성을 높이는 효과가 있다는 것이다.

갤럽의 조사에 따르면, 타인의 장점에 주목하는 리더의 경우 부하의 67퍼센트가 업무에 몰두했다. 단점에 주목하는 리더의 경우에는 불과 31퍼센트였으므로, 리더가 부하를 어떻게 바라보느냐에 따라 부하의 열의가 결정된다고 할 수 있다. IBM 워크 트렌드IBM Work Trends가 세계 26개국에서 다양한 업종의 수천 개 기업에서 일하는 직원 1만 9,000명을 조사한 결과, 표창을 받은 직원의 업무 몰입도가 그렇지 않은 직원보다 3배나 높다는 사실이 밝혀졌다. 표창이라는 피드백을 통해 부하가 업무에 몰두해 성과를 낸다는 말이다. 또한 표창이나 말 등으로 부하를 확실하게 인정하면 업무 만족도가 유의미하게 높아진다는 조사 결과도 있다. 인정받은 부하는 만족하며, 이직률도 낮아진다.

리더라면 업무가 어떻게 진행되고 있는지뿐만 아니라 부하라는 개인이 어떻게 일하고 있는지 자주 피드백을 하고 인정해주자. 그러면 부하는 자신이 가치가 있음을 실감하고 업무에 더 몰두할 것이다.

피드백을 부하를 이끄는 지침이라고 생각해도 좋다. 적절한 피드백을 하면 부하는 무엇을 해야 할지 분명히 이해하며, 자신의 능력에 자신감을 갖게 된다. 부하의 장점이나 강점을 강조할수록 의욕과 성취감이 높아질 것이다.

《하가쿠레》의 가르침

그렇다면 어떻게 피드백을 해야 할까?

1장에서 "타인의 실패, 잘못, 결점을 명확하게 지적하는 것은 중요한 일이자 배려이며 중대한 책임이다"라는 《하가쿠레》의 가르침을 소개했는데, 이 책에는 피드백의 비법이라고 할 수 있는 충고의 기법에 관한 가르침도 있다.

어떻게 지적하느냐에 대해서는 궁리가 필요하다. '좋다·나쁘다'를 판정하는 것은 간단하며, 비판하기도 쉽다. 많은 사람이 듣기 싫은 말을 해주는 것이 상대를 위하는 길이라고 여기며, 상대가 이를 받아들이지 못한다면 상대에게 역량이 없기 때문이라고 생각한다. 그러나 상대에게 창피를 주기만 해서는 자신만 우쭐해질 뿐이다.

타인에게 지적할 때는 먼저 상대가 받아들일 수 있을지를 판단하자. 그러려면 친해져서 자신의 의견을 상대가 신용하도록 만들어야 한다.

상대의 관심사부터 이야기를 시작하고, 어떻게 말해야 할지도 궁리한다. 타이밍도 중요하다. 편지를 보내거나, 잡담을 나누는 김에 말하거나, 자신의 실패담을 이야기하는 등 상대가 자연스럽게 이해하도록 하는 방법도 있다.

먼저 상대의 좋은 점을 칭찬해서 긍정적인 기분이 되도록 배려한다. 목이 마를 때 벌컥벌컥 물을 마시듯이, 상대가 자연스럽게 지적을 흡수하도록 만드는 것이다.

이렇게 해서 결점을 고쳐주는 것이 올바른 지적이다.

"토론 문화에 익숙한 미국과 달리 일본인은 피드백이 서툴다"는 이야기를 들을 때마다 나는 《하가쿠레》를 떠올린다. 18세기에 나온 고전에 이미 피드백의 정신이 이리도 명확하게 기록되어 있는데, 오늘날 하지 못할 이유가 있을까?

경솔한 정론은 오답이 된다

망설이지 않고 피드백을 하기 위해서는 세 가지를 명심해야 한다.

첫째, 피드백은 '리더의 업무'다. 리더와 부하는 친구가 아니다. 리더에게는 듣기 싫은 말을 해서라도 부하를 성장시키고 팀을 바꿀 책임이 있다. 따라서 업무로 인식하고 부하에게 피드백을 하자. 또한 성과가 오르지 않는 부하를 모른 척하지 않는 것도 리더의 중요한 역할이다. 어떻게 하면 현재의 상황을 타개할 수 있을지, 피드백이라는 손을 내밀어주자.

둘째, 피드백은 '서로에게 해야 하는 것'이다. 상사가 부하를 심사하듯이, 부하도 상사를 평가한다. 다만 공개적으로 부하를 심사하는 상사와 달리 부하는 뒤에서 몰래 상사를 평가한다. 그러나 이래서는 팀이 성장하지 못한다. 부하가 뒤에서 리더에 대해 불만을 터트리는 것이 아니라, "과장님께서 말씀하신 대로 이 방법을 시도해봤지만 효과가 없었습니다"라고 피드백을 할 수 있도록 리더가 안전지대를 만들어줘야 한다. 자신도 부하도 진실해질 수 있는 관계를 만든다면, 리더는 피드백을 하기가 수월해지며 부하도 리더의 피드백을 경청하고 자신의 의견을 말할 수 있게 된다.

셋째, 피드백은 '상대를 위한 것'이다. 아무리 옳은 말이라도 그대로 하는 것은 올바른 것 같으면서도 올바르지 않은 행위다. 상대를 논파한다고 해도 상대의 마음은 움직이지 않는다. 사람을 움직이는 것은 논리가 아니라 감정이다. 예를 들어 부하의 업무가 늦어졌다고 하자. 사정을 들어보니, 부하가 게으름을 피운 것이 아니라 거래처의 납품 지연으로 전체 일정이 어긋나버린 것이었다. 그럴 때 상사가 "어쨌든 납기에 맞춰서 진행하는 것이 업무의 원칙이니, 자네가 일정을 관리했어야지"라고 정론을 말하면 부하는 겉으론 동의하겠지만 속으로는 수긍하지 못할 것이다.

사람은 자신이 옳다고 생각하면 필요 이상으로 상대를 몰아붙이고 신랄해지곤 한다. 부하가 "B사도 일손이 부족한 모양이어서……"라고 사정을 설명하려 했는데, 상사가 "그런 건 중요하지 않아. 애초에 B사와 협의해서 결정한 납입일이 아닌가? 자네는 자각이 부족한 게 문제야. 비즈니스 현장은 냉혹한 곳이야. 그렇게 상대를 감싸주려고 해서는 안 돼. 그런 안일한 태도로 어떻게 프로라고 말할 수 있겠나?"라고 신랄하게 논파한다면 부하는 아무 말도 하지 못할 것이다.

상사는 틀린 말은 하지 않았다고 생각할 것이고 부하를 논파해서 기분이 좋을지는 모르지만, 그런다고 해서 업무가 늦어졌다는 문제가 해결되는 것도 아니며 부하는 마음을 닫아버린다. 이래서는 업무의 성과도, 부하의 성장도 기대할 수 없다.

친구 사이라고 해도 너무 직설적으로 말하면 상대의 기분을 상하게 해서 중요한 메시지가 전해지지 않는다. 하물며 상사와 부하라는 조직의 서열 구조에서라면 이런 방식은 결국 비극이 될 것이다. 아무리 정론이라도 상대를 생각하지 않는다면 피드백이 되지 않는 것이다.

'I 메시지'로 전한다

피드백의 중요성을 이야기했으니, 이제 구체적인 방법을 살펴보자.

피드백의 대전제는 'You' 메시지가 아니라 'I' 메시지로 시작하는 것이다.

× "자네you는 이 부분을 고치는 편이 좋아."

○ "나I는 이 부분을 고친다면 자네가 더 발전할 수 있다고 생각해."

즉, 상대의 문제점을 지적하는 것이 아니라 나I의 주관적인 의견으로서 전하는 것이다. "자네는 이 부분을 고치는 편이 좋아"라고 말하면 잘못했다고 단정하듯이 들리기 때문에 상대는 위축되어 방어 태세로 들어간다. 화를 내는 경우도 있을 것이다.

그러나 "나는 자네가 이 부분을 고쳐야 한다고 생각해"라고 말하면 개인의 의견이 되므로, 공격성이 약해져서 상대가 귀를 기울일 가능성이 높아진다.

이 커뮤니케이션의 원칙을 대전제로 삼아 다음의 다섯 가지 전략을 시도해보기 바란다.

전략 1: '샌드위치'를 만든다

데일 카네기의 '사람을 바꾸는 아홉 가지 원칙' 중 첫 번째는 '먼저 칭찬한다'이다. 다짜고짜 신랄한 말을 들으면 누구나 방어 태세에 돌입하기 마련이다. 따라서 긍정적인 말로 시작하는 것이 중요한데, 이때 효과적인 것이 '샌드위치 방법'이다.

핵심은 참치나 달걀, 베이컨 같은 샌드위치의 내용물, 즉 '이렇게 하는 편이 좋다'는 피드백이지만, 이것을 '긍정이나 칭찬, 응원'이라는 부드러운 빵 사이에 끼워 넣으면 그냥 먹을 때보다 더 맛있고 포만감도 커진다. 요컨대 상대가 경청하며 그 후에도 도움이 되는 피드백이 된다.

"이번 파워포인트는 굉장히 잘 만들었더군. 좋은 프레젠테이션이었다고 생각해."(샌드위치의 빵: 긍정)
"한 가지 마음에 걸리는 게 있었는데, 나는 자네가 발표할 때 말을 너무 빠르게 한다는 느낌을 받았다네. 좀 더 천천히 말하면 설득력이 높아지지 않을까 싶네."(샌드위치의 속: I 메시지 피드백)
"그건 그렇고, 애썼네. 클라이언트도 감탄하더군. 다음에 말하는 속도만 조절하면 완벽해질 걸세. 오늘은 정말 잘했어."(샌드위치의 빵: 긍정+이후를 위한 조언)

이처럼 '긍정적인 말+피드백+긍정적인 말'이 원칙이다. "아주 잘했어. 하지만 이런 부분은 좋지 않았어"라며 긍정적으로 칭찬한 다음 '하지만but'이라고 말을 잇는 리더가 있는데, 말을 이을 때는 '그리고and'가 원칙이다. "한 가지 마음에 걸리는 게", "조금 덧붙이면", "내 욕심을 말하자면" 정도로 말을 잇는 편이 좋을 것이다.

어쨌든 '비판적인 말은 중간에 끼워 넣는다'는 것을 기억하자.

전략 2: '상황'에 초점을 맞춘다

"자네는 항상 말하는 속도가 너무 빨라."

"나는 자네가 항상 말을 너무 빠르게 해서 설명이 잘 전해지지 않는다는 느낌을 받네."

'항상'이라는 단 한 단어가 모든 피드백을 망쳐버린다. I 메시지로 바꾸더라도 이는 마찬가지다.

어쩌면 부하는 너무 긴장한 나머지 그날만 말이 빨라졌을지도 모른다. 어쩌다 보니 실수를 한 것인지도 모른다. 거의 하지 않던 지각을 해서 초조해졌는지도 모른다. 그런데 '항상'이라고 하면 그 실수를 상대의 일부분으로 판단하는 것이 된다. '항상'이라고 말하면 개인에 대한 공격이 되니 철저히 상황에 초점을 맞추길 바란다.

"오늘은 자네가 설명할 때 말을 너무 빨리한다는 느낌을 받
았네. 무슨 일이 있었던 건가?"

어디까지나 '오늘의 설명'이라는 특정한 상황에 대해 피
드백을 하고, '부하의 모든 설명' 혹은 '부하 자신'에 대한 피
드백이 아님을 강조한다. 참고로 "자네는 오탈자가 너무 많
아. 저번 주에도 오자가 있더군"이라고 말하는 등 과거의 실
패까지 끌어내는 것은 최악의 패턴임을 기억해두자.

전략 3: '바꿀 수 있는 것'을 언급한다
"자네가 여성이 아니었다면 성공했을 텐데 말이지."

이것은 최악의 피드백이라는 차원을 넘어서 해서는 안 되
는 차별 발언이다. 그러나 미국에서는 실제로 "흑인이 아니
었다면", "히스패닉이 아니었다면"이라는 식의 인종 차별 발
언이 종종 나온다.

"자네의 보고서는 이해하기가 어려워. 일류 대학 출신은 어
려운 말을 너무 많이 써서 문제라니까."

"자네는 간사이 지방 출신이라서 말을 가볍게 하는 경향이 있는데, 그래서 계약을 못 따내는 거야."

어떻게 해도 바꿀 수 없는 그 사람의 이력을 탓하고 있지는 않은지 주의하자. 리더로서의 자격은 물론이고 인간성까지 의심받게 된다.

"자네는 내향적이라서 영업 실적이 오르지 않는 거야. 좀 더 외향적이 되라고."

이것도 좋은 피드백이라고는 말하기 어렵다. '내향적'이라는 것은 성격이며, 그 자체가 나쁜 것이 아니다. 또한 내향적인 사람이 갑자기 명랑하게 행동하는 것도 부자연스러우며 본인만 괴로울 뿐이다. 이럴 때는 "지긋하게 생각하는 건 자네의 강점이야"처럼 내향적인 성격을 긍정한 다음, 그 사람에게 맞는 방법을 가르쳐주는 것이 올바른 피드백이다.

성별, 연령, 출신, 소속, 성격, 신체적 특징 등 바꿀 수 없는 것에 관해서는 절대 지적하지 말기 바란다.

전략 4: '구체적인 개선책'을 제안한다

좋지 않은 점을 지적하기만 해서는 변혁적 리더십의 피드백이라고 할 수 없다. 그렇다고 해서 좋은 점만 칭찬해서는 빵만 있고 내용물은 없는 샌드위치가 된다. 핵심인 피드백이 끼워져 있지 않으니 말이다.

상황에 초점을 맞추고, 출신이나 성격처럼 바꿀 수 없는 것이 아니라 바꿀 수 있는 것에 대해 '어떻게 해야 할지' 제시하자. "좀 더 노력하게", "의욕을 내라고!" 같은 정신론은 도움이 되지 않는다. 그런 추상적인 말이 아니라 구체적인 개선책을 제시해야 한다.

예를 들어 내향적인 부하라면 "어떻게 해야 계약을 성사시킬 수 있을지 새로운 영업 방법을 직접 궁리해서 다음 주 월요일까지 아이디어를 내주게. 그런 다음 그 방법을 시도해보자"라는 개선안을 제시한다. 심리학에서는 내향형이 외향형에 비하면 매사를 깊게 생각하고 창조성이 높다고 알려져 있다. 리더의 피드백 덕분에 부하가 자신에게 어울리는 새로운 영업 방식을 창조해낼지도 모른다.

목소리가 작은 부하라면 "프레젠테이션을 할 때 마이크를 사용하면 어떨까?"라고 제안한다. "자네는 마이크를 써야해"라고 몰아붙이는 것이 아니라 "앞으로 넓은 회장에서 이벤트를 할 일도 있을 테니 프레젠테이션용으로 마이크를 준비하지. 자네도 쓰도록 하게"라고 표현하면 좋을 것이다.

부하가 설명을 너무 길게 한다면 원인을 생각해본다. 본인의 집착 때문일까? 아니면 설명해야 할 요소가 너무 많은 것일까? 이럴 때는 "프레젠테이션을 하기 전에 내용을 검토해보게"라고 제안해서 먼저 부하가 살펴보게 한다. 그런 다음 함께 검토해보자며 리더가 개입해서 "사례가 세 개 있지만 두 개만 설명해도 충분해"라는 식의 해결책을 이끌어낸다.

전략 5: 무슨 일이 있어도 '편견 없이' 본다

리더에게는 최선이라고 믿는 방식이 있을 것이다. 그러나 절대적인 정답은 아니다. 지금까지 효과가 좋았던 방법이라도 더 좋은 방법이 있을지 모른다. 피드백을 할 때는 자신이 옳다는 생각을 내려놓고, 부하에게도 부하의 생각이나 방식이 있음을 인정하며 존중하기 바란다.

또한 부하에 대한 선입견도 떨쳐내는 것이 중요하다. 부하에 대해 '저 친구는 고집스러워서 클라이언트를 화나게 해', '서투르고 일 처리가 느려'라는 인상을 갖고 있더라도, 그것은 선입견일 때가 많다. 어떤 고객은 그 부하가 고집스럽다며 싫어하지만, 다른 고객은 신념이 있다며 높게 평가할지도 모른다. 서투르고 일 처리가 느린 부하가 꼼꼼하고 완성도가 높은 결과물을 만들어낼 수도 있다. 평가는 사람에 따라 달라지기 마련이다.

선입견을 벗어 던지는 방법으로는 크게 두 가지가 있다.

첫째는 호기심을 갖는 것이다. 호기심, 즉 흥미와 관심을 갖고 상대를 관찰하며 이 사람을 좀 더 알고 싶다고 생각하자. 실제로 상대를 깊게 알면 선입견 없이 그 사람을 있는 그대로 평가할 수 있게 된다.

둘째는 고정관념을 벗어던지는 것이다. '흑인은 모두 춤을 잘 추고 음악에 재능이 있다'라는 흔한 유형에 모든 사람을 집어넣으려 하는 것이 고정관념인데, 사실 모든 흑인이 그럴 리는 없다. 누구나 저마다 다르다. 간사이 출신이라고 해서 누구나 코미디언처럼 유쾌한 것도 아니고, 운동부 출신이라고 해서 무조건 근성이 있는 것도 아니다.

선입견을 벗어던져서 올바른 피드백을 할 수 있도록 하자.

피드백을 하기에 좋은 타이밍

다섯 가지 전략에 덧붙여서, 피드백을 할 때는 타이밍이 중요하다. 《하가쿠레》에도 나오듯이, 아무리 좋은 피드백이라도 타이밍을 잘못 잡으면 효과가 없다.

상대가 지쳤을 때나 여유가 없을 때, 이야기를 받아들일 수 있는 상태가 아닐 때는 피드백을 삼가자. 어떤 타이밍이 적절한지는 평소 커뮤니케이션을 통해 파악해두는 것이 좋다. 단, '직후'는 피하는 편이 좋다.

운동은 직후에 피드백을 해야 한다고 생각하는 사람도 있다. 달리는 자세나 배팅 자세 등은 달리기를 끝마쳤거나 배트를 휘두른 뒤에 즉시 "이 부분이 잘못되었으니 이렇게 하시오"라고 가르쳐야 한다는 것이다. 그런데 한 연구에서 동작 직후의 피드백은 역효과라는 사실이 밝혀졌다. 중요한 것은 코치가 피드백을 한 뒤, 선수 스스로 움직임에 대해 생각할 시간을 주는 것이다. 다시 말해 스스로 자신에게 피드백을 할 시간을 주라는 얘기다. 다짜고짜 코치가 "올바른 폼은 이거야"라고 피드백을 하면 선수는 스스로 분석할 힘을 키우지 못하며 이것이 성장을 방해할 수도 있다. 스스로 변화할 계기를 잃어버리는 것이다.

스스로 자신에게 피드백을 하는 시간에는 개인차가 있다. 시간이 오래 걸리는 사람도 있고, 짧은 시간에 할 수 있는 사람도 있을 것이다. 어쨌든 그 시간이 끝날 때까지 기다린 다음 타이밍을 봐서 지도자가 피드백을 한다. 이는 스포츠뿐만 아니라 비즈니스에도 효과적인 방법일 것이다.

불만을 낳지 않는 평가 기법

과정도 평가하라

피드백은 업무가 끝난 뒤에 '그것을 어떻게 평가하는가?'로도 연결된다. 이때 '비즈니스는 결과가 전부야. 이런 오류투성이 자료밖에 만들지 못했으니 혹독하게 지도해야겠군. 평가도 낮게 하는 게 당연해'라는 식의 관점으로 평가하지는 않는가? 이래서는 부하의 불만이 쌓이는 원인이 될 뿐만 아니라 기껏 쌓아놓았던 신뢰 관계도 무너지고 만다.

리더는 자신도 모르게 결과에만 주목하는데, 그러면 부하는 마음을 닫을 뿐이다. '나를 이해해주지 않아. 믿을 수 없어'라며 실망하는 것이다. 그렇다고 해서 좋은 결과를 내지 못했는데도 "열심히 노력했으니 그것으로 충분해"라고 말한다면 이 또한 제대로 된 평가가 아니며, 부하는 성장의 계기를 잃어 결국 바뀌지 못한다.

부하 중에는 열심히 노력하는데 좀처럼 결과로 연결시키지 못하는 사람도 있을 것이다. 그러므로 결과는 결과로 받아들이면서 '과정'에 대해서도 평가하는 것이 중요하다. 드웩 박사의 연구에서도 '업무의 성과나 달성한 결과가 아니라 그 과정에서의 노력을 인정하는 것이 중요하다'는 사실이 밝혀졌다. 노력을 인정받은 사람은 강한 의지나 강인한 정신력이 길러지며, 장기적으로 생산성이 향상된다.

그러므로 리더는 부하에 대해 "결과는 좋지 않았어. 하지만 이 부분에서 한 노력은 훌륭했어"라고 인정해주자. 언젠가 부하가 실패해도 좌절하지 않는 의지력을 키우도록 과정의 피드백이라는 씨앗을 뿌리는 것이다. 하루아침에 효과가 나타나지는 않지만, 장기적으로 보면 리더에게도 커다란 이익이 될 것이다.

'또래 압력'을 없애라

리더는 팀 전원에게 관심을 가져야 하지만, 전원의 과정을 빠짐없이 살펴보기는 물리적으로 불가능하다. 그러다 보니 과정에서의 노력을 '시간'으로 측정해서 평가하는 실수를 저지르기 쉽다.

나는 도쿄 대학교에서 일하던 시절에 학생들을 카운슬링하기도 했다. 외국인 유학생을 상담한 적도 많았는데, 가장 큰 고민 두 가지는 '일본인 특유의 겉모습과 속마음'과 '시간 감각'이었다. 한 유학생은 문부과학성의 장학금으로 남편, 자녀와 함께 유학을 와서 대학원의 연구실에 소속되어 있었다. 나도 이전에 받은 적이 있지만, 미국 정부가 지급하는 풀브라이트 장학금은 유학으로 가족이 떨어져서 살지 않도록 배우자와 자녀에게도 수당을 지급한다. 그러나 당시의 일본은 학생에게만 장학금을 지급했다. 학생이니까 당연히 혼자서 올 거라는 일본 측의 선입견이 있었는지도 모르는데, 미국, 중국, 유럽 등지에는 일단 사회로 진출했거나 결혼한 뒤에 다시 공부하는 사람이 많다.

어쨌든 그 유학생은 자비로 자녀를 보육원에 맡기고 있었으며, 자녀를 마중 나가기 위해 17시에 퇴근해야 했다. 그런데 17시는 연구실에 모두 남아 있는 시간이다. 교수는 "내가 아직 있는데 먼저 퇴근하는 건가?"라고 말했고, 일본인 학생들도 "혼자서 먼저 퇴근하면 안 돼"라고 말했다고 한다.

"저는 일찍 퇴근하는 대신 남들보다 일찍 아침 8시까지 연구실에 출근하고, 커피숍에서 쉬지도 않으면서 17시까지 열심히 연구합니다. 그런데도 일찍 퇴근한다고 질책을 받고 평가가 낮아지는 것이 괴롭습니다."

지금은 상황이 많이 달라졌다고 생각하지만, 당시 그녀는 이런 고민에 빠져 있었다.

리더나 주위 사람들이 야근을 하고 있으면 퇴근하지 못하는 것은 일본 기업의 특징인지도 모른다. 심리학에서 말하는 '또래 압력peer pressure'도 강해서, 회사가 가급적 야근은 하지 않기로 결정해도 실제로는 "저 친구는 항상 일찍 퇴근한다니까"라는 말이 나온다.

야근을 하든 하지 않든, 시간을 많이 들였다면 그 과정을 높게 평가해야 할까? 그것도 아닐 것이다. 단시간에 업무를 끝마치는 사람이 노력하지 않았다고는 말할 수 없다. 어쩌면 효율적으로 일을 진행하는 방법을 찾아냈을지도 모르고, 집중해서 일하기 때문에 빨리 끝났을지도 모른다. 달리 말하면, 늦게까지 회사에 남아 있는 사원이 실은 인터넷 서핑을 하거나 잡담을 나누는 시간이 많아서 일이 늦어졌을 경우도 있다. 그러니 시간으로 평가하는 것이 아니라 과정 자체(노력의 내용, 질)를 평가해야 할 것이다.

평가 기준은 회사에 따라 다양하며, 정답은 없다. 그러나 시간으로만 평가하는 실수를 저지르지 않기 위해서라도, 그리고 팀의 효율을 높이기 위해서라도 리더가 시간을 효율적으로 이용하도록 하자. 집단은 지위가 높은 사람의 영향을 강하게 받는다는 사실을 떠올리기 바란다. 근무 시간 중에 일과 상관없이 인터넷 서핑을 하거나, 별다른 용무도 없으면서 회사에 남아 있는 리더는 그 악영향을 팀 전체에 끼친다.

리더가 솔선해서 일을 빨리 끝마치고 귀가하여 시간 내에 일을 마치도록 팀 전체를 이끄는 것도 리더의 역할이며, 리더가 부하를 평가할 때 잘못을 저지르지 않는 방책이다.

너그럽게 봐줄 필요도 있다

대니얼 골먼의 《감성지능으로 일하기Working with Emotional Intelligence》라는 책에는 재미있는 고찰이 소개되어 있다. 평가 기준과 명령 계통이 명확한 미 해군에서 우수한 지휘관과 평범한 지휘관의 부대를 비교해본 결과, 명확한 차이가 있었다는 것이다. 우수한 지휘관은 반드시 목표를 달성하는 것을 중요하게 여긴다. 그래서 먼저 목표를 달성하기 위해 꼭 필요한 과제가 무엇인지를 명확히 했다. 과제에 관해 병사들을 철저히 지도하고, 수시로 피드백을 했다. 평가도 엄격하고, 과제를 내팽개치거나 목표 달성을 저해하는 행동을 하는 병사에게는 엄한 벌을 내리기도 했다. 그런데 목표와 상관없는 사소한 규칙에 관해서는 다소 규칙을 어기더라도 유연하게 대응했다.

한편, 평범한 지휘관은 지도에 일관성이 없었다. 목표를 달성하기 위해 꼭 필요한 과제가 무엇인지 명확히 하지 않고, 그다지 상관없는 사소한 안건을 중요한 과제처럼 취급하기도 했다. 규칙에는 엄격해서, 작은 실수에도 규칙이라는 이유로 가혹한 평가를 내려서 오히려 병사들의 동기와 생산성을 떨어뜨리고 있었다. 그들은 어떤 경우라도 규칙대로 하는 것을 우선했던 것이다.

나는 이것이 일본의 리더에게도 해당되는 이야기라고 생각한다. "우리 회사의 규정이니까", "사회의 상식이니까"라며 선도부원처럼 사소한 것까지 평가해서는 부하들이 따르지 않는다. 비즈니스의 목적은 회사의 규정을 지키는 것이 아니라, 업무 성과를 높여서 이익을 내는 것이다. 이 사실을 모르면 변혁을 이루어 목표를 달성하는 변혁적 리더십에서 멀어지게 된다.

중요한 포인트, 즉 목표의 달성을 위해 꼭 필요한 과제나 부하를 성장시키는 도전으로 범위를 좁혀서 평가하자. 사소한 규칙까지 시시콜콜 참견하는 것은 그만두는 편이 좋다. 리더의 역할은 다양하며, 시간은 한정되어 있다. 모든 것에 똑같이 에너지를 사용하면 너무 바빠서 몸이 먼저 망가져버릴 것이다. 리더가 자신을 보호하기 위해서도 중요한 것과 중요하지 않은 것을 구분할 필요가 있다.

메시지를 전달하는 힘을 단련하기 위한 습관

사람 냄새가 나게 하라

스토리텔링도, 피드백과 평가도, 메시지를 전달한다는 측면에서는 공통점이 있다. 메시지를 전달하는 힘은 그만큼 중요한데, 평소 훈련을 통해 키울 수 있다. 구체적으로는 피드백이나 스토리텔링을 의식할 필요도 없이 일상적인 대화를 훈련의 기회로 활용하면 된다. 평소에 심리학적으로 효과가 있다고 알려진 메시지 전달법을 습관화하면 메시지를 전달하는 힘은 자연스럽게 강화될 것이다.

골먼의 책에는 우수한 지휘관에게는 자기 나름의 지휘 스타일이 있다는 조사 내용도 있었다. 군을 지휘하려면 상사로서의 명령(책임지기를 두려워하지 않는, 목적이 명확하고 주장이 강한 명령)이 꼭 필요하다. 단호하고 강한 명령이 아니면 메시지가 전달되지 않아서 최전선의 부대를 뜻대로 움직일 수 없기 때문이다.

다만 우수한 지휘관은 자신의 개성을 살려 사람 냄새가 나는 명령(긍정적/외교적/마음이 담긴/스토리가 있는/협력적/호의적/감정이 넘치는/신뢰할 수 있는)도 내렸다. 상사로서의 명령과 사람 냄새가 나는 명령을 섞어서 균형을 맞추고 있었던 것이다. 우수한 지휘관은 평범한 지휘관보다 온화하다는 사실도 밝혀졌다. 그들은 좋은 인간관계가 팀에 필요하다는 사실을 이해하고 있었다. 즉, 균형 감각을 갖춘 적극적 리더라는 말이다.

한편 평범한 지휘관은 고정관념에 입각해 상사로서의 명령만으로 지휘하고 있었다. 군의 규칙이나 규정을 중시하고, 부정적이면서 엄격했으며, 비난조이고 자기중심적이었다. '권위주의적', '지배적', '명령적'이며, "내가 옳아!"라는 주장을 빈번하게 했다. 이는 규정과 자신의 지위의 힘에 의지하는, 틀에 박힌 강권적 리더십이다. 군대는 엄격한 규칙을 중시하는 조직이므로 평범한 지휘관의 방법으로도 기능할 것 같지만, 병사들의 동기가 저하되어버린다.

비즈니스 리더라면 지위에 의지한 상사로서의 명령만으로 팀을 이끌어서는 안 된다. 부하에게 동기를 부여하고 그를 변화시켜 목적을 이루기 위해서는 지시나 피드백, 평가를 사람 냄새가 나게 긍정적으로 해야 한다.

평소에 잡담을 나눈다

심리학 연구를 통해 감정의 파급 효과가 조직의 위에서 아래로 퍼진다는 사실이 밝혀졌다. 미 해군을 대상으로 한 조사에서는, 지휘관이 '따뜻하다', '사교적이다', '감정이 풍부하다', '공평하다', '신뢰감이 있다' 같은 태도를 보이면 부대 전체가 좋은 영향을 받았다. 반대의 경우도 마찬가지여서, 지휘관이 '가혹하다', '비난조이다', '쌀쌀맞다', '짜증을 잘 낸다', '규칙을 중시한다', '비협조적이다' 같은 태도를 보이면 그 부대의 병사들도 똑같이 행동했다.

이것을 비즈니스 현장에 대입해보자. 리더가 '자사의 상품에서 결함이 발견되어 리콜이 결정되었다'와 같이 나쁜 소식을 들었다고 하자. 그 소식을 상사에게 들은 리더는 충격을 받을 것이다. 자신의 팀이 담당하는 상품이었다면 책임자인 리더가 평정심을 잃을 만한 상황이다. 그러나 그 심정을 그대로 드러내면, 그 순간 팀 전체에 감정의 파급 효과가 일어나 공황 상태가 된다. 리더가 평정심을 잃으면 피해를 최소한으로 해야 하는 상황에서 2차, 3차 피해가 발생할 수 있다. 있는 그대로의 모습으로 있는 것은 중요하지만, 나쁜 소식과 함께 나쁜 기분까지 전염시켜서는 안 된다.

성과를 내지 못하는 부하에 대해 최종적으로 평가를 내리고 강등이나 인사이동 소식을 전해야 하는 힘든 상황도 있을 것이다. 그럴 때는 일대일로 진실하게 전해야 하는데, 개인으로서 있는 그대로의 모습이 되는 것과 단순히 감정적인 것은 전혀 다르다. '이런 소식은 전하고 싶지 않아', '부하가 불쌍해', '악역이 되는 건 싫어'라는 부정적인 감정은 억제하도록 하자. 그보다는 한 명의 인간으로서 부하의 기분에 공감하는 자세가 중요하다.

미 해군에서는 우수한 지휘관의 경우, 평소에 병사들에게 가볍게 말을 걸어 가족, 취미, 개인적인 사항 등에 관해 잡담을 나눈다고 한다. 상대에 대해 알고 싶다는 마음을 태도로 드러냄으로써 쌍방향 커뮤니케이션을 할 수 있는 개방적인 분위기를 만드는 것이다. 군이라는 엄격한 조직에는 나쁜 소식이 따르기 마련이다. 그렇기에 우수한 지휘관은 평소 좋은 분위기를 조성해 나쁜 소식도 있는 그대로 받아들일 수 있게 한다.

회사에 나쁜 소식이 자주 들리지 않기를 바라지만, 오늘날은 예상치도 못했던 일이 일어나는 시대다. 그러므로 섬기는 리더십을 활용해서 평소 편하게 대화할 수 있는 분위기를 조성해야 한다.

진심을 담아서 말한다

커뮤니케이션론 중에는 메시지를 전달하는 방법에 특화된 것이 많으며, 이에 기반한 수많은 테크닉이 소개되고 있다. 이야기를 구성하는 법, 효과적인 전달 순서, 알맞은 제스처 등 유용해 보이는 정보를 인터넷에서도 많이 검색할 수 있을 것이다.

그러나 심리학을 오랫동안 연구해온 내 조언은 "말보다 감정이 중요하다"는 것이다. 지금까지 몇 번이나 이야기했듯이, 사람을 움직이는 것은 감정이다. 이것은 심리학적으로도 뇌과학의 연구를 통해서도 증명되었다.

리더가 말을 심하게 하고 상냥함이라고는 눈곱만큼도 찾아볼 수 없는 사람이라고 해도, 부하에 대해 공감(상대의 기분을 이해하고 어떻게 해야 할지 객관적으로 제시하는 공감)한다면 부하의 뇌는 그것을 감지해낸다. 거울 뉴런의 작용이다.

작가이며 심리학자인 로버트 E. 알베르티Robert E. Alberti 박사의 연구에 따르면, '무엇을 말했는가?'보다 '어떻게 말했는가?'의 영향력이 더 강하다. 긍정적인 메시지에는 말보다 동작, 표정, 감정 같은 비언어적 요소가 더 중요하다는 말이다. "사람은 무슨 말을 들었는지는 잊어버려도, 무엇을 느꼈는지는 기억한다People don't remember what you say. They remember how you made them feel"라는 표현이 있는데, 말보다는 감정인 것이다.

바꿔 말하면, 리더가 부하에게 입으로만 "자네가 잘되기를 바라고 있네"라고 말한들 효과가 없다는 것이다. 겉으로는 훌륭한 기획서라고 칭찬해도 그것이 본심이 아니라면 마음이 전해지지 않으며, 부하는 바뀌지 않는다.

뇌는 거짓말을 꿰뚫어 본다. 말로 표현하지 않은 감정도 전해지는 것이다. 거짓이 없는, 있는 그대로의 자신이 된다는 진정성 리더십의 토대가 없으면 사람을 바꾸는 변혁적 리더십은 기능하지 않는다는 증거라고도 할 수 있다.

팀을 바꾸는 리더의 판단

'전진'보다 어려운 '후퇴'라는 결단

지금까지 '개인'을 바꾸기 위한 변혁적 리더십에 관해 이야기했다. 앞에서 이야기했듯, 리더가 팀을 바꾸려면 리더 스스로가 바뀌고 팀원을 팀 전체가 아니라 한 명의 인간으로서 존중하는 것이 중요하다.

그러나 때때로 '팀 전체'를 바꿔야 하는 상황도 있다. 예를 들어 팀 전체가 몰두해온 프로젝트가 있다고 하자. 캠페인을 A로 할지 B로 할지를 놓고 팀 전체가 수없이 토론했지만 결과가 나오지 않았을 경우, 단순히 다수결로 결정해서는 안 된다. 최종적으로 어떤 방향을 지향할지는 리더가 결단을 내려야 한다.

캠페인을 정하는 건 그다지 중요한 결단이 아닐 수 있지만, 팀의 운명을 좌우하는 커다란 결단도 있다. 그리고 무엇인가를 하는 것만이 결단은 아니다. 무엇인가를 그만두는 결단이 필요한 경우도 있다. 무엇인가를 시작하는 '전진'과 무엇인가를 그만두는 '후퇴'를 결정할 때 어느 쪽이 더 어려울까? 단순하게 설명할 수 없는 매우 복잡한 문제다. 다만, 리더가 후퇴의 결단을 내릴 때는 집단 심리가 영향을 끼쳐 한층 어려워진다는 점만큼은 이해하기 바란다.

마틴 루터 킹 목사는 무엇인가를 그만두는 후퇴를 결심할 만한 용기를 가진 리더였다. 영화 〈셀마〉는 킹 목사를 그린 작품으로, 1965년 3월 7일에 흑인 525명이 앨라배마 셀마에서 몽고메리를 향해 행진한 대규모 시위 '피의 일요일 사건'을 다루었다. 선거권을 요구하는 흑인 시위대는 인종 차별주의자인 주지사 조지 월러스George Corley Wallace의 명령을 받은 경찰이 공격하여 사상자가 발생했는데도 행진을 계속하려 했다. 그러나 킹 목사는 "행진을 계속하면 사상자가 늘어날

뿐"이라며 시위를 중지했다.

혹인들은 크게 분노했고, 킹 목사가 유약한 탓에 시위를 중단했다며 비난하는 사람도 있었다. 그러나 나는 그가 후퇴라는 어려운 결단을 내린 용기 있는 리더라고 생각한다. 이때 폭력에 폭력으로 맞섰다면 비폭력으로 평등을 실현한다는, 세계를 바꾸는 변혁적 리더로서의 그의 비전은 실현되지 못했을 것이다.

유약한 리더라고 비난받을지도 모른다는 공포를 받아들이고 정말 필요할 때 후퇴의 결단을 내릴 수 있는 사람은 유약한 리더가 아니라 진정으로 강한 리더다.

화학반응을 일으킬 팀을 꾸려라

팀을 바꾸는 효과적인 방법 중 하나로 팀원을 바꾸는 결단이 있다. 화학반응을 의미하는 케미스트리chemistry라는 단어는 일본어에서 자주 쓰인다. 축구나 농구 등에서 슈퍼스타가 여러 명이 있는데 우승을 하지 못하는 경우 "팀 케미가 없다"라고 말한다.

물리적 화학반응은 생활 곳곳에서 볼 수 있다. 수소와 산소가 화학반응을 일으켜 결합한 것이 물이고, 풀잎이나 나뭇잎은 물과 빛과 이산화탄소로 광합성이라는 화학반응을 일으켜 산소와 탄수화물을 만들어낸다.

사람의 경우에는, 서로 다른 성질을 지닌 팀원이 같은 팀이 되어 이전과는 다른 새로운 힘을 만들어내는 것을 가리킨다. 전원이 슈퍼스타가 아니더라도 케미가 좋으면 힘과 힘이 결합해서 좋은 변화를 일으킨다. 슈퍼스타가 모여 있는데도 이기지 못하는 팀이 있는가 하면, 스타는 한 명도 없는데 팀원들의 케미로 승리를 거두는 팀도 있다.

마음에 드는 부하를 자유롭게 뽑지 못한다고 해서 비관할 필요는 없다. 팀 내부의 프로젝트 팀원, 같은 고객을 함께 담당하는 팀원의 선출 등 '작은 팀'으로 얼마든지 화학반응을 일으킬 기회가 생길 수도 있다. '이 사람의 능력과 이 사람의 능력이 결합하면 화학반응을 일으켜서 팀에 힘이 생겨날 거야'라고 판단하는 것이 리더의 역할임을 명심하자. '두 명의 스티브', 즉 기술력은 월등하지만 내향적인 워즈니악과 감각이 비상하고 사람을 움직이는 힘이 뛰어난 잡스는 서로 다른 강점을 조합해 엄청난 힘을 빚어낸 예다.

심리학 연구에 따르면 이상적인 팀에는 다섯 가지 유형의 팀원이 필요하다. 첫 번째 유형은 과제를 수행하기 위한 '강인하고 사교적인 팀원'이다. 이런 팀원은 극소수만 있어도 된다. 두 번째 유형은 팀의 의사 결정에 찬성하고 알력을 만들지 않는 '협력적인 팀원'이다. 세 번째 유형은 수준 높은 업무를 실현하는 '성실하고 진지한 팀원'이다. 네 번째 유형은

'온후한 팀원'으로, 팀이 스트레스나 압박감에 시달릴 때 동요하지 않을 수 있다. 두 번째, 세 번째, 네 번째 유형은 어느 정도 수가 균형을 이루는 것이 좋다. 그리고 다섯 번째 유형은 창조적인 아이디어를 받아들일 수 있는 '열린 팀원'이다. 이들도 소수만 있으면 된다.

능력뿐만 아니라 성격도 고려해서 누구와 누가 좋은 팀을 이룰지 결단을 내리고 팀 내에 변화를 촉진하자. 그러려면 평소에 팀원 한 사람 한 사람의 성격과 능력을 이해하려 노력해야 한다.

사실을 있는 그대로 받아들인다

최근 일본에서는 "나를 바꾼다"라는 말이 자주 사용되면서 의지력이 중시되고 있다. 이는 미국식의 강한 접근법인데, 이 책이 이상으로 삼는 적극적 리더는 약함과 강함, 공격성과 수동성의 양쪽을 모두 갖추고 있다. 그래서 미국식인 '바꾼다'뿐만 아니라 원래부터 일본 문화에 있었던 '바뀐다'의 중요성을 다시금 확인하고 넘어가려 한다.

일본 문화에는 '어쩔 수 없다', '체념한다'는 것이 있다. 이 것은 변화를 포기하는 좋지 않은 문화로 보이기 쉬운데, 내 생각은 다르다. 자연재해나 인간의 질병 또는 죽음 등 자신의 힘으로는 통제할 수 없는 사건이 찾아왔을 때, 그것을 받아들이는 힘은 중요하다. 이 세상에는 아무리 부정하고 저항해도 바꿀 수 없는 것이 분명히 존재한다. 그럴 때는 먼저 바꿀 수 없다는 사실을 있는 그대로 받아들이자. 저항하지 않고 받아들이면 냉정하게 생각할 수 있게 되어서 '하지만 이건 바꿀 수 있어'라는 식으로 작은 기회를 발견할 수 있다. 그리고 그 기회를 살리고자 행동하면 자연스럽게 바뀌는 것이다.

이것을 비즈니스에 대입하면, 일본의 많은 리더는 예산도 결정할 수 없고 인사 권한도 없다. 업무도 회사의 의향이 강하게 반영된다. 그런 상황에서 '예산을 좀 더 늘리고, 무능한 부하를 우수한 부하로 교체하고, 내가 정말로 하고 싶은 업무를 할 수 있도록 바꾸자!'라고 결심한들 실현하기는 어렵다. 아무리 의지력을 최대한으로 발휘해도 바뀌지 않는 것은 바뀌지 않는다.

그러나 예산도, 인사도, 업무 내용도 바꿀 수 없는 상황을 받아들이고 자신이나 부하의 능력을 있는 그대로 바라보면, '그럼에도 할 수 있는 일'에 대해 냉철하게 생각하게 된다. 이를 찾아낸 다음 부하의 동기를 높이거나, 스토리로 목적을 명확히 하거나, 적절한 피드백을 하는 등 행동에 옮기면, 결과적으로 팀이 성장하여 예산도, 인사도, 업무 내용도 바꿀 수 없던 상황을 계기로 바뀌게 된다. 전화위복인 것이다.

한편 바꿔야 한다는 생각은 부정에서 시작될 때가 많다. 자기주장이 너무 강해서 주위 사람들과 잘 지내지 못하는 것을 고민하는 부하가 이에 대해 의논하려고 리더를 찾아왔다고 하자. 이 고민이 '지금의 나로는 안 되니까 다른 사람으로 새롭게 태어나고 싶다'는 자기 부정에서 생겨난 것이라면 건전하다고 할 수 없다. 그 부하는 자기주장이 강한 자신을 좋지 않은 것으로 부정하고 있기 때문이다. 상황을 부정하고 억지로 바꾸기보다는 현재의 상태에 숨어 있는 작은 가능성을 파악하고 활용할 때 비로소 '바뀐다'는 진정한 변혁이 일어난다. 이것은 일본의 심리학 분야에서 '모리타 요법'을 확립한 모리타 마사타케의 생각이기도 하다.

예를 들어 자기주장이 강하다는 것 자체는 나쁘지 않다. 그런데도 바꿔야 한다며 부정하고 무작정 바꾸려 하면 그 사람의 장점이 사라져버린다. 그러므로 자기주장이 강하다는 특성을 인정하고 장점으로 키울 방법을 궁리하는 것이 좋다. '지금의 자신을 부정한다=바꾼다'가 아니라 '지금의 자신을 긍정하고 성장시킨다'라는 의식으로 전환하면 바꾸려 하지 않아도 자연스럽게 바뀐다.

물론 지각하는 습관 등 명백히 좋지 않은 점이나 데이터 관리가 서툴다는 등 노력 여하에 따라 바꿀 수 있는 것은 스스로 바꾸도록 유도하자. 요컨대 변혁적 리더십에는 '바뀐다'

와 '바꾼다'라는 두 가지 관점이 모두 필요하다.

"주여, 제게 바꿀 수 없는 것을 받아들일 수 있는 차분함과,
바꿀 수 있는 것은 바꿀 수 있는 용기를, 그리고 이 두 가지를
분별할 수 있는 현명함을 주옵소서."

나는 라인홀트 니부어Reinhold Niebuhr의 '평온을 비는 기도'
가 변혁적 리더십을 나타내는 말이라고 생각한다.
'바뀐다: 자신을 인정하고 성장한다'와 '바꾼다: 능력을 익
히거나 생각을 바꾼다'라는 두 가지 방법을 통해 변혁해나
가자.

반달을 보고 보름달을 안다

나는 잠들기 전에 밖으로 나가서 달을 바라보기를 좋아한
다. 젊었던 시절, 밤하늘에 떠 있는 반달을 보고 꼭 나 같다
고 생각한 적이 있다. 절반은 일본인이고 절반은 미국인으로
여겨진 내가 절반만 남은 달처럼 느껴진 것이다.
그러나 그것은 착각으로, 반달은 '절반만 남은 달'이 아니
다. 둥근 달은 멀쩡하게 존재하며, 그림자로 절반이 가려졌을
뿐이다. 그 사실을 알고 있으면 달은 언제나 둥글게 보인다.
우리는 자신을 알고 있다고 생각하지만 알지 못하며, 타

인에 대해서도 알고 있다고 생각하지만 알지 못한다. 의식하지 않으면 달의 절반밖에 보이지 않는 것이다. 그러나 리더는 어떤 때라도, 달이 초승달이 되었을 때도 자신을, 부하를, 그리고 팀을 보름달로서 전부 알아둬야 한다. 적어도 알고자 하는 노력을 포기해서는 안 된다.

젊은 시절의 나는 소극적인 나라는 반달만 바라보고 있었다. 그러나 일본에 와서 당당하게 행동할 수 있는 나라는 또 다른 반달을 알게 되었고, 비로소 나 자신이라는 둥근 달을 발견했다. 이것이 내가 변화하는 계기가 되었으며, 그 뒤로 내 능력은 나답게 성장했다.

변혁적 리더십은 성장의 가능성을 발견하는 것이기도 하다. 나는 나 자신이 바뀌었던 경험을 통해 학생들의 능력을 발전시키고 변화시키려 한다. 그리고 당신도 자신을 알고 제일 먼저 바뀌기를 기대한다. 그것이 부하를 알고 부하를 움직이는 결과로 이어지며, 팀이 변혁하기 위한 출발점이 되기 때문이다.

5

장

최선의 관계를 유지하는
벽을 뛰어넘는 리더십

STANFORD LEADERSHIP CLASS

로즈 마카리오
이익만을 추구하는 비즈니스의 벽을 넘다

아웃도어 스포츠웨어를 생산하고 판매하는 파타고니아 Patagonia는 "새 상품을 사기보다, 일단 구매하면 수선하면서 오래 사용해주십시오"라고 권한다. 패스트패션이 탄생한 뒤로 '가격이 쌀수록 좋다', '수선하기보다 새로 사는 편이 싸다'는 풍조가 자리를 잡았는데, 이렇게 '쓰고 버리기'라는 소비 스타일이 당연해진 가운데 파타고니아는 매우 보기 드문 행보를 보이고 있다.

파타고니아는 환경 보호에도 힘을 쏟아서, 페트병을 재활용한 폴리에스테르와 유기농 목화 등을 소재로 사용하고 있다. 유기농 목화는 농약을 사용하지 않고 재배한 것으로, 피부 건강에 좋다고 생각해서 구입하는 사람이 많다. 사실 유기농 목화는 입는 사람의 피부뿐만 아니라 만드는 사람의 건강에도 좋다. 일반적으로 목화를 재배할 때는 대량의 농약이 사용되며, 이는 저임금으로 목화 따기 작업을 하는 사람들의 건강을 해치는 원인이기도 하다. 그러나 유기농 목화라면 무명을 만드는 사람들의 건강에도 좋다. 모두의 건강에 좋은 목화인 것이다.

로즈 마카리오Rose Marcario는 파타고니아의 기업 정신에 공감해 이 회사의 CEO가 되었다. 원래 첨단기술 기업에서 일하고 있었는데, 우수한 경영자로서 투자가의 기대에 부응해 분기별 매출 목표를 견실하게 달성했다. 그러나 비즈니스의 성공이 모두에게 좋은 것만은 아니다. 빠르게, 저렴한 가격으로 만들어서, 대량으로 팔아 큰 이익을 내는 비즈니스 모델은 저임금으로 장시간 일하는 사람들의 희생이 있기에 가능하다. 목표를 달성하기 위해 다음 세대에 물려줘야 하는 지구 환경을 훼손하는 경우도 있다.

마카리오는 기독교 가정에서 자랐는데, 불교에 관해 공부한 후 자신이 하는 일에 의문을 느끼게 되었다. 기독교는 '신과 나'라는 일대일의 관계이며, 다른 사람은 그다지 상관이 없다. 다른 사람과의 사이에 벽이 있는 것이다. 한편 불교에서는 사람도, 동물도, 자연도, 부처도 모두 연결되어 있다고 생각한다. 인도를 여행한 마카리오는 갠지스강 부근에서 퇴직을 결심했다. 이익만을 추구하는 비즈니스라는 벽을 넘어 다르게 일하는 방식이 있는 넓은 세계로 나아가자고 생각한 것이다.

로스앤젤레스로 돌아와 선택한 직장이 파타고니아였다. 자연과 인간이 공생해야 한다는 창업자 이본 쉬나드Yvon Chouinard의 흔들리지 않는 이념에 매료된 것이다. 입사 후, 그녀는 폐기물 처리와 과잉 포장 폐지라는 추가적인 개선책을 내놓았다. 그녀의 경영 수완은 파타고니아를 성장시켰고, 이익을 3배로 증가시켰다. 자신들의 비즈니스와 고객뿐만 아니라 지구 환경이나 생산과 관련된 다양한 사람들에게 공헌하려는 자세가 소비자의 공감과 신뢰를 불러일으켰고 팬이 증가해 기업의 성장으로 이어진 것이다.

이 세상에는 인종, 성별, 신조, 문화 등 다양한 배경을 가진 서로 다른 사람들이 살고 있다. '우리와는 다르다'는 이유로 사람들 사이에 벽이 생긴다. 벽 안쪽에 있는 가족이나 동료에게는 참으로 친절하고 상냥하지만, 벽 바깥에 있는 사람들의 고통에는 무관심하다. 슬프게도 이런 사고방식이 전 세계에 만연해 있다.

'비즈니스의 성공'과 '세상을 더 좋은 곳으로 만드는 것'의 사이에는 벽이 있다고 생각하는 사람이 많다. '우리'와 '다른 세계에 사는 사람들'의 사이에도 벽이 있다고 생각한다. 그러나 마카리오는 환경 보호를 통해 그 벽을 뛰어넘어 지속 가능한 비즈니스를 만들려 하고 있다.

새로운 시대의 벽을 뛰어넘는 리더로서 말이다.

스탠퍼드에서 가장 가까운 역인 팰로앨토 역 근처에도 파타고니아 매장이 있다. 상품을 사면 그대로 건네주거나 간소한 종이봉투에 담아서 준다. 이것도 마카리오가 실시한 개혁일 것이다.

파타고니아의 창업자인 이본 쉬나드는 원래 등산가로, 1973년에 파타고니아를 창립했다. 자연과의 공생을 중시하는 기업 이념은 '100년을 존속하는 기업'이라고 한다. 나만이 승자가 되어서는 오래 계속할 수 있을 리 없다. 자신이 얼마나 작은 존재인지 실감할 수 있는 산 위에서 그는 이를 깨달았는지도 모른다.

그의 저서 《파타고니아, 파도가 칠 때는 서핑을Let My People Go Surfing》에 나오는 대로, 쉬나드가 제창한 다양하고 자유로운 근무 방식은 그가 물러난 지금도 이어지고 있다. 단시간만 일해도 되고, 취미나 생활 방식을 우선해도 된다. 하지만 이것이 무사태평한 근무 방식인 것은 아니다. 사원 한 사람한 사람이 개인 경기의 운동선수처럼 일하는 방식을 스스로 결정해서 결과를 낼 책임이 있기 때문이다.

'나만이 승자가 되어서는 의미가 없다'는 생각을 체현하듯 근무 환경을 배려하고 있는 파타고니아는 다양성도 중시한다. 직원의 남녀 성비는 반반이며, 경영 간부 10명 중 7명이 여성이다. 또한 보육원 등 일하면서 자녀를 키우는 세대를 위한 지원 체제도 갖추고 있다.

일본에 비하면 많다고는 해도 미국의 S&P500 기업에서 일하는 임원 중 여성은 20퍼센트에 불과하다. GMI 레이팅스가 조사한 '여성 사장이 가장 많은 나라' 순위에서 미국은 45개국 중 11위였다. 이것만 봐도 파타고니아가 여성을 얼마나 존중하는지 잘 알 수 있다.

파타고니아는 성별뿐만 아니라 국적, 연령, 출신, 성소수자 등 다양한 사람들이 다양한 일을 하고, 지구 환경을 포함해서 아무도 희생하지 않고 비즈니스로 이익을 낸다. 이것이 지속 가능한 사회를 실현하기 위한 열쇠라고 한다. 이는 의식 있는 사람들이나 생각하는, 보통 사람과는 거리가 먼 일이 아니다. SNS의 보급 등으로 개개인의 힘이 전례 없이 강해진 지금, 개인도 발언력을 가진 일원으로서 존중해야 한다. 이는 비즈니스 리더라면 모두가 직면한 과제이다.

입으로만 다양성을 존중한다고 말하기는 쉽다. 그러나 자신과 다른 누군가를 자신과 똑같이 존중하기는 쉽지 않다. 그것을 비즈니스의 현장에서 실현하기는 더더욱 어렵다. 그 벽을 어떻게 다룰 것인가? 벽을 뛰어넘어 어떻게 구성원들을 하나로 모을 것인가? 이것은 팀 리더의 영원한 과제다.

'cross border'는 '벽을 뛰어넘는다'는 의미 이외에 '국경을 초월한다', '경계선을 넘는다'라는 의미도 있다. 이 책에서는 이해하기 쉽도록 경계선을 '벽'으로 정의했다. 사람과 사람 사이에 있는 벽을 넘어서 서로 다른 사람들이 서로의 다름을 존중하면서 일할 수 있는 환경을 만들어나가는 것이 지속 가능한 팀을 이끌기 위한 벽을 뛰어넘는 리더십이다. 마지막 5장에서는 다름을 인정하고 존중하면서 서로의 사이에 존재하는 벽을 뛰어넘는 리더십에 관해 이야기하려 한다.

벽의 존재를 깨닫고 대처하지 않으면 개인뿐 아니라 팀으로서도 성장이 저해되어 능력을 발휘할 수 없다. 그 결과 팀을 뜻대로 이끌 수 없고 리더로서의 수명이 짧아진다. 반대로 리더가 벽의 존재를 알고 진정으로 다양성을 존중한다면, 즉 서로의 다름을 존중하면서 벽을 뛰어넘어 서로 협력하도록 한다면 팀원들은 장기적으로 좋은 관계를 맺을 수 있다. 성과를 지속적으로 낼 수 있는 팀은 벽을 뛰어넘어 관계를 맺을 수 있는, 최선의 관계를 오래 지속할 수 있는 팀인 것이다.

사람과 사람 사이에 있는 벽

다양성에 대한 모순

다양성diversity이라는 말은 이미 일본에도 정착되어 있다. 일본 기업은 앞으로 많은 외국인 노동자와 일하게 될 것이며, 인재도 세계화되지 않으면 기업은 살아남을 수 없을 것이라고들 말한다.

그런데 현실로 오면 이야기는 달라진다. 머리로는 '저출산 고령화가 진행 중인 일본은 외국인 노동자를 받아들이지 않고서는 유지될 수 없다', '다양성은 중요하며, 공생 사회는 훌륭하다'라고 이해해도 '우리 집 근처에 외국인이 사는 건 싫어'라고 생각한다.

심리학에서는 외국인(이방인)에 대한 공포심을 태곳적부터 있는 감정 중 하나로 본다. 두려움은 비합리적이고 비이성적인 것인데, 뇌는 두려움을 실제보다 더욱 크게 만든다. 또한 본능적으로 동감empathy하는 성향이 강한 집단은 외부인에게 공격적이라는 사실도 알려져 있다.

이방인에 대한 두려움은 골치 아프지만, 어찌 보면 자연스러운 감정이다. 외국인이 적은 일본의 경우, 회사 동료로 외국인이 오면 당혹감을 느끼는 사람이 많다. 이처럼 많은 사람이 다양성에 대해 모순적이다.

요즘은 상당히 달라졌지만, 일본인은 비교적 내향적인 사람이 많으며 여기에는 섬나라라는 지리 조건의 영향을 받은 사회적 배경도 자리하고 있다. 미국 국제교육협회Institute of International Education, IIE의 조사에 따르면, 미국 대학에서 공부하는 일본인 유학생은 전체 유학생의 약 2퍼센트에 불과하다. 중국을 비롯한 아시아 각국의 젊은이들이 적극적으로 유학하는 것과는 대조적이다. 또한 일본 후생노동성이 발표한 '외국인 고용 신고 상황'에 따르면, 2017년에 외국인 노동자는 약 128만 명이었다. 전년 대비 18퍼센트 증가했지만, 대부분은 제조업과 서비스업이다. 즉, 사무실에서 일하는 외국인의 비율은 아직 낮다. 이런 상황이기에 일본의 기업가에게는 다양성이라는 말이 잘 와닿지 않는다.

'알고는 있지만 나하고는 상관없어'라고 생각하거나, '중요한 건 알지만 가능하면 나는 엮이고 싶지 않아'라며 피하는 사람이 적지 않으며, 어쩌면 당신이나 팀원도 그중 한 명일지 모른다.

조금만 달라도 벽은 느껴진다

다양성이란 차이가 있는 사람들이 함께 있으면서 그 차이를 강점으로 살리는 것이다. 그 차이는 인종이나 국적만이 아니라, 연령, 세대, 성별, 고용 형태 등 다양하다.

"상사하고는 세대가 달라서 대화가 안 통해."
"1990년대생 부하들은 무슨 생각을 하면서 사는지 도무지 모르겠다니까."

"여자 사원은 다루기가 힘들어."

"아이를 키우고 있는 사원을 어떻게 상대해야 좋을까?"

"비정규직 사원과 정사원은 사고방식이 달라."

이런 차이 외에도 문과/이과, 명문대/평범한 대학, 영업부/총무부, 기혼/미혼 등 자신과 다르다는 이유만으로 우리는 벽을 만들곤 한다.

하지만 벽에 가로막혀 교류하지 않으면 서로를 이해할 수 없으며 공감도 생겨나지 않는다. 협동도 잘되지 않고, 팀은 언젠가 분열되고 만다. 그런 팀은 성과를 내기는 고사하고 기능이 마비되어버릴 것이다.

뉴욕 주립대학교 올버니 캠퍼스State University of New York at Albany의 심리학자 게리 유클Gary Yukl과 세실리아 팔베Cecilia Falbe의 연구에 따르면, 리더가 부하에게 무엇인가를 의뢰할 때의 반응은 세 가지로 나뉜다고 한다.

① 헌신commitment: 리더의 의사 결정에 진심으로 동의하고 실제로 행동으로 옮기는 것

② 순응compliance: 사실은 관심이 없지만 일단은 하고 있는 상태

③ 저항resistance: 거부하거나 "그건 좀 아니지 않나요?"라고 반론하는 것

리더가 목표로 삼아야 할 반응은 당연히 헌신이지만, 팀원과 리더 사이에 높은 벽이 가로막고 있으면 이루기가 어렵다. 그러므로 벽을 뛰어넘어 팀원과 서로 이해해야 한다.

벽은 필요하다

미리 전제하지만, 벽 자체는 나쁜 것이 아니다. 벽은 자신을 형성하는 중요한 것이기도 하다. 역설적인 말이지만, 벽을 뛰어넘는 리더십의 첫걸음은 벽의 존재를 인정하는 것이다. 즉, 사람은 저마다 다르며 인간에게는 벽이 있다는 사실을 명확히 인식하는 것이다.

1989년에 독일을 동서로 가르고 있었던 베를린 장벽이 무너지고, 같은 시기에 소비에트연방에서 정치 개혁인 페레스트로이카가 시작되어 연방이 해체되면서 세계화가 전개되었다. 사회주의 대 자본주의라는 대립 구도가 무너지고 세계는 평평해졌다. 이에 따라 경제는 활성화되고 사람들은 자유로워졌다. 여기에 인터넷이라는 국경을 초월하는 도구가 등장해 세계를 하나로 연결하고 있다.

그러나 좋은 점만 있는 것은 아니다. 세계 어디를 가든 맥도날드와 스타벅스가 있고 누구나 코카콜라를 마시면서 스마트폰을 사용하게 되자, 독자적인 문화는 사라져갔다. 다양성이 희박해지는 것이다.

사람도 이와 마찬가지여서, 인간에게는 벽이 필요하다. 벽을 완전히 없애서 생각도, 가치관도, 습관도 똑같아지면 개성이 사라진다. 차이는 자신다움을 형성하는 것이며 강점이기도 한 까닭에, 완전히 부정하는 것은 말이 안 된다.

벽을 부정하고 단순하게 연결시키려 하면 "우리는 같은 팀 동료잖아?"라며 한 가지 방식을 강요하게 되거나 "다 함께 힘을 합쳐서 일해야지. 그러니까 혼자서 야근 안 하고 퇴근하는 건 그만두도록 해"라는 또래 압력을 형성하는 계기가 되기도 한다. 특히 일본은 집단의식이 강하기 때문에 '벽을 없애고 모두를 연결시킨다=모두 똑같이 하나가 된다=모두와 다른 것은 문제가 있다'는 관점으로 세상을 바라보는 경향이 있다. 그러나 앞으로는 외국인을 포함한 다양한 사람들이 함께 일하게 될 것이며, 자녀를 키우며 일하는 사람, 파견 사원 등 다양한 고용 형태로 일하는 사람, 재고용 제도를 이용해서 계속 일하는 고령자 등 일하는 방식도 더욱 다양해질 것이다. 같은 일본인이고, 같은 회사에 다니며, 같은 정사원이고, 같은 성별, 같은 연령이라고 해도 모두가 완전히 똑같다는 것은 있을 수 없는 일이다. 각기 다른 사람이기에 사고방식도 가치관도 당연히 저마다 다르다.

'좋은 벽'과 '나쁜 벽'이 있다

《오체불만족》으로 유명한 오토타케 히로타다와 2015년 미스 유니버스 일본 대표인 미야모토 아리아나의 대담을 읽을 기회가 있었다.

선천성 사지절단중인 오토타케와 아버지가 아프리카계 미국인인 미야모토는 겉모습부터 소수자이기 때문에 차이를 공개적으로 드러내며 살고 있다. 그러나 오토타케는 "언뜻 다른 사람들과 똑같아 보이는 사람 중에도 차이를 안고 사는 사람은 있으며, 그것을 드러낼 수 있다면 살아가기가 더욱 편해질 것"이라는 이야기를 했다.

우리는 모두 내부에 차이를 숨기고 있다. 성소수자는 TV에서나 나오는 이야기라고 생각하는 사람도 많을 것이다. 그러나 덴쓰 다이버시티 라보의 'LGBT 조사 2018년'에 따르면 일본인 11명 중 1명이 LGBT(레즈비언, 게이, 바이섹슈얼, 트랜스젠더)다. 팀에 LGBT가 있다 해도 이상한 일이 아니라는 말이다. 다만 대부분은 그 사실을 공개적으로 말하지 않기 때문에 리더는 모두가 똑같다고 생각한다. 물론 성적 지향은 사생활이므로 밝힐 필요는 없다. 이성애자가 비즈니스 현장에서 "나는 이성을 좋아합니다"라고 말하지 않는 것과 마찬가지다. "나는 리더니까 나를 믿고 전부 털어놓게"라고 말하는 것도 이상하다.

그러니까 성적 지향이 아니더라도 사람은 저마다 차이를 안고 있다고 생각하고 상상력을 발휘해야 한다는 것이다. 차이가 있음을 리더가 앞장서서 인정하면서 팀 전체의 유대를 구축하는 것이 바로 벽을 뛰어넘는 리더십이다.

일본에는 '분명하게 말하지 않아도 그 정도는 헤아려줬으면 좋겠다'는 풍조가 있다. 헤아리는 힘이 강하고 분위기를 파악하는 문화는 훌륭하지만, 언제나 분위기를 파악할 수는 없으며 잘못 파악하는 경우도 있기 마련이다. 결국 문제점을 제대로 알지 못해 방치했다가 문제가 일어나기도 하는 것은 분위기로 파악하는 문화의 부정적 측면이라 할 수 있다.

그러나 같은 일본인이라 해도 사람에 따라 다르다고 생각하면, 헤아리는 힘에만 의지할 수는 없다. 열린 마음이 되어서 진실한 상태로 의견을 교환하게도 될 것이다. 그러는 편이 분위기로 가늠하는 것보다 상대의 기분을 올바로 이해하게 된다.

이처럼 사람의 개성을 형성하는 것은 '좋은 벽'이며, 존중해야 한다. 그러나 인간관계나 다양성을 살려서 일하는 것을 방해하는 '나쁜 벽'도 있다. 비유하자면, 좋은 벽은 집의 벽과 같다. 벽이 없는 집은 비바람을 막거나 사람을 지켜주지 못한다. 한편 나쁜 벽은 과거의 베를린 장벽이나 트럼프 대통령이 고집하는 미국-멕시코 국경의 장벽 같은 것이다. 또한

좋은 벽	나쁜 벽
개성 · 그다움을 만드는 벽	타인과의 교류를 단절시키는 벽

  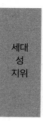 

중세의 요새처럼 사람을 접근하지 못하게 하는 지나치게 높은 벽도 비즈니스 현장에서는 나쁜 벽이다.

여러 가지 벽

자신을 속박하는 세 가지 벽

좋은지 나쁜지는 둘째 치고, 개인이 가지고 있는 벽은 다음의 세 가지로 분류할 수 있다. 이것은 개성이라는 좋은 벽이 되기도 하지만, 때로 타인을 이해하지 못하는 원인이 되거나 자신의 성장을 방해하는 나쁜 벽이 되기도 한다.

① 문화 · 관습의 벽(정치 신념, 종교를 포함)

② 행동 양식의 벽

③ 전례의 벽

● 문화 · 관습의 벽

첫 번째 벽은 문화 · 관습의 벽이다. 국적이나 인종이 다르면 문화나 관습도 다르다. 식사나 인사 등에 대해 자신이 당연하다고 생각하는 방식과 다른 방식을 당연하게 생각하는 사람이 있다면 위화감을 느끼기 마련이다.

비즈니스 현장에서 볼 수 있는 전형적인 예는 시간 감각이다. 일본인이나 독일인은 시간을 정확하게 지킨다. 일본인은 회의 5분 전에는 도착해서 자리에 앉아 있는 경우가 많다. 그러나 조금 늦어도 상관없다는 문화를 가진 나라도 있다. 아랍권이나 남아메리카가 그래서, 회의가 시작한 뒤에 미안한 기색도 없이 느긋하게 모습을 드러내기도 한다. 시간을 정확하게 지키는 나라의 사람은 지각하면 크게 미안해하며 사과할 것이다. 그리고 주위 사람들은 지각한 사람을 질책하거나 신용할 수 없는 사람이라고 생각한다.

이것은 외국인과의 사이에 국한된 이야기가 아니다. 같은 일본인이라도 문화나 관습의 차이는 존재한다. 태어나서 자란 가정에 따라서도 문화나 관습이 다르며, 지역에 따른 차이도 있다. 또한 회사나 팀 등 소속된 조직별로도 관습이 다르다. 아침에 정시 출근해서 모두에게 인사하며 자리에 앉는 것이 관습인 회사도 있고, 유연 근무제 등을 실시해서 저마다 다른 시각에 출근하며 인사도 딱히 할 필요가 없는 회사 또한 있다. 인사를 하지 않아도 되는 회사에서 인사가 필수인 회사로 이직한 사람은 인사도 제대로 못한다며 무시당하기도 한다.

이것은 단순한 차이일 뿐, 좋고 나쁨의 문제가 아니다. 문화나 관습은 집의 벽 같은 것으로, 그 사람을 형성하는 개성이며 정체성과 관련이 있기 때문이다. 그러나 인간은 자신의 문화 · 관습이 옳다고 생각한다. 그 믿음이야말로 문화나 관습이 나쁜 벽이 되는 원인이다. 자신의 문화나 관습이 옳다고 생각하고 상대에게도 그것을 따르도록 요구하면, 모두가 가지고 있는 문화 · 관습의 벽이 순식간에 나쁜 벽이 되어서 배경이 다른 사람과 잘 지내지 못하게 된다. 반대로 자신과 상대에게 다른 배경이 있음을 인정한다면, 다양성을 존중하는 좋은 벽이 된다.

● 행동 양식의 벽

행동 양식의 차이라는 벽도 리더와 큰 관계가 있다.

상식은 비즈니스마다 다르다. 제조업의 상식과 소매업의

상식은 다르며, 같은 판매라도 BtoB(법인을 대상으로 한 판매)와 BtoC(소비자를 대상으로 한 판매)는 방식이 다르다.

이 차이를 거부하고 자신의 방식을 고집하면 기회의 폭이 좁아진다. 반대로 방식을 전환하면 시대의 변화에 적응할 수 있다. 같은 방식을 지켜나가는 전통 공예 등은 별개이지만, 일반적인 기업가라면 행동 양식의 벽을 나쁜 벽으로 생각하고 뛰어넘는 편이 좋다.

이와 관련된 좋은 사례가 있다. BBG 벤처스의 사장인 수잔 라인Susan Lyne은 다양한 업계에서 커리어를 쌓아왔다. 잡지 편집자로 시작해, 2000년대에는 연예업계로 자리를 옮겼고, 2008년에는 전자상거래업계로 이직했다. 고급 브랜드 상품을 회원제로 인터넷에서 판매하는 전자상거래 기업 길트닷컴Gilt.com의 경영에 참가한 것이다. 그리고 현재 있는 BBG 벤처스는 투자 펀드이므로, 시대의 변화와 함께 전혀 다른 비즈니스 모델로 옮겼다고 할 수 있다.

수잔은 다른 업계의 다른 방식도 받아들이면서 자신의 내부에 있는 '이런 건 해본 적 없어'라는 '방식의 벽'을 돌파해왔을 것이다.

● 전례의 벽

세 번째 벽은 어떠해야 한다는 믿음으로, 회사의 전통이나 전임자의 방식, 이른바 전례나 상식을 지나치게 의식하기 때문에 생겨난다. 예를 들어 '리더는 엄해야 한다'는 것은 리더에 대한 그 사람의 믿음으로, 이것이 심리적인 벽이 되어서 자신다운 리더십을 발휘하지 못하게 된다.

위대한 전임자나 회사의 전통도 심리적 벽이 되어 리더를 위축시킨다. 애플의 CEO인 팀 쿡Tim Cook은 죽음을 눈앞에 둔 잡스가 이런 말을 남겼다고 말했다. "스티브 잡스라면 어떻게 했을지 생각하지 말고, 자네가 믿는 길을 가게Don't think, what would Steve Jobs do. Do what you think is right."

잡스처럼 해야 한다고 생각하면 쿡의 내부에 장벽이 생길 것이다. 그 벽을 뛰어넘어서 자유롭게 생각하지 않으면, 쿡은 자신다움을 발휘할 수 없으며 애플은 성장하지 못한다. 그래서 잡스가 이런 말을 남긴 것이 아닐까 싶다.

훌륭한 리더의 밑에서 성장한 사람은 그것이 심리적인 벽이 될 수 있음을 기억하자. 아무리 과거의 상사가 훌륭했더라도 그 상사와 똑같이 할 필요는 없다. 자신다운 리더십을 발휘하면 된다. 그리고 작은 회사에는 영향력이 큰 사장이 있기 마련이다. 그런 회사에서 일하고 있다면 사장의 방식이라는 심리적인 벽을 뛰어넘어야 한다. 그렇지 않으면 벽을 뛰어넘는 리더십을 갖출 수 없다.

어떠해야 한다고 의식한 나머지 성장하지 못하게 되면 그

심리적인 벽은 나쁜 벽이 된다. 벽의 안쪽에서 행동하면 결과적으로 선인先人이라는 타인의 경기장에서 승부하게 되므로 자신다움이나 능력을 최대한으로 발휘하기가 어렵다. 이래서는 비즈니스에서 전례 이상의 성과를 남길 수 있을지 매우 불안해질 것이다.

팀을 단절시키는 네 가지 벽

지금까지 개인이 가진 세 가지 벽에 관해 살펴봤다. 이번에는 비즈니스 현장에서 자신과 타인 사이를 가로막는 베를린 장벽 같은 벽에 관해 살펴보자. 여기에는 네 가지가 있는데, 반드시 나쁘다고는 할 수 없지만 잘못 대처하면 팀을 단절시키는 원인이 될 수 있다.

① 권력의 벽

② 성별의 벽

③ 세대 · 연령의 벽

④ 고정관념의 벽

● 권력의 벽

리더가 지나치게 강한 권력을 갖고 있어서 "중요한 문제는 내가 결정할 테니 자네들은 잠자코 따라오기나 해"라고 말하듯 행동한다면 부하와의 사이에 권력의 벽이 생기게 된다. 그리고 도저히 넘을 수 없을 만큼 높은 벽이라면 커뮤니케이션은 단절된다. 상사 갑질은 권력의 벽을 쌓는 리더가 저지르는 잘못이라고 해도 과언이 아니다.

반대로 상냥한 리더가 부하를 친구처럼 대하면 권력의 벽은 크게 낮아지거나 아예 사라진다. 그런데 이 경우에는 리더와 부하의 구분이 사라져서 목표를 정하고, 동기를 이끌어내고, 적절하게 피드백하는 리더의 역할을 다할 수 없다. 부하가 실수를 저질러서 주의를 주자 "그렇게 심하게 말할 필요는 없지 않습니까?"라고 반발하고, 상사는 "나도 지위가 있다 보니 그렇게 말할 수밖에 없네. 이해해주게"라며 달랜다. 이런 식의 느슨한 관계가 되면, 서로 마음은 편할지 모르지만 팀이나 개인의 성장은 기대할 수 없다.

또한 중요한 국면에서 리더가 강하게 말하려 해도, 평소에 벽이 없으면 부하는 진지하게 받아들이지 않는다. '어라? 왜 갑자기 화를 내는 거지?'라며 한 귀로 듣고 흘리거나 '갑자기 상사인 척하네, 기분 나쁘게'라며 반발하는 부하에게는 리더가 무슨 말을 해도 통하지 않을 것이다.

그러므로 권력의 벽이 무조건 나쁜 것은 아니다. 그러나 리더에게는 권력뿐만 아니라 팀을 이끌 책임이 있다. 모호한 관계가 되지 않고 리더라는 역할을 다하기 위해 적절한 높이의 벽은 필요하다.

그러나 적절한 높이를 가늠하기는 쉽지 않으며, 비즈니스 현장은 복잡하다. 개인이라는 집에는 그것을 형성하기 위한 벽이 있기 마련이므로, 가족이든 친구든 사람과 사람 사이에는 반드시 벽이 존재한다. 그렇다고 해도 인간 대 인간이라는 의미에서는 리더든 부하든 평등하며, 벽을 뛰어넘어서 인간관계를 맺어야 한다.

그러나 비즈니스 현장에서 리더와 부하는 분명히 처지가 다르므로 어느 정도의 벽은 필요하다. 그렇다면 이 벽을 어떻게 다뤄야 할까? 이것을 설명하기 전에 먼저 비즈니스 현장에 있는 다른 벽을 살펴보자.

● 성별의 벽

내 할머니는 메이지 시대(1868~1912년)에 태어나셨는데, 생전에 "의사나 선생님이 되고 싶었고 그럴 능력도 있었지만 여자라서 될 수 없었단다. 부모님은 '네가 사내아이였다면 좋았을 텐데'라고 말씀하셨지"라고 여러 번 말씀하셨다.

옛 시대의 가치관이라고 생각하겠지만, 남녀의 벽은 아직도 높다. 이것이 여성 리더를 고민에 빠뜨릴 때가 있으며, 부하가 된 남성도 커뮤니케이션에 어려움을 겪는다.

파타고니아의 사례를 이야기할 때 안타깝게도 미국 또한

아직 여성이 100퍼센트 활약할 수 있는 사회가 아니라고 말했는데, 일본의 경우는 성별의 벽이 더욱 높다. 내각부 남녀공동참여국이 2017년에 조사한 바에 따르면, 일본의 상장 기업의 여성 임원 비율은 3.7퍼센트에 불과하다. 이 조사에 따르면 전 세계에서 여성 관리직 비율은 필리핀이 49퍼센트로 독보적으로 높다. 거의 남녀평등인 상태다. 미국은 약 43퍼센트이며, 영국이나 북유럽은 36~39퍼센트로 그저 그런 수준이다. 그런데 일본은 13.2퍼센트로, 조사가 실시된 12개국 가운데 최하위인 한국(10.5퍼센트) 다음으로 낮다. 같은 아시아라도 일본의 여성 관리직 비율은 말레이시아의 절반 수준밖에 안 된다. 일하는 방식을 개혁하여 여성의 활약을 중시하자, 다양성을 존중하자고 외치고 있지만, 일본 기업도 수많은 과제를 끌어안고 있는 상태라고 할 수 있다.

성별의 벽이 생기는 이유는 편견, 즉 여자와 남자에 대한 선입견, 편향이다. '여성은 감정적이어서 리더에 어울리지 않는다', '남자인 주제에 약한 소리나 하다니, 한심해'라는 식이다. 벽을 만드는 사람의 심리에는 이런 성에 관한 편견이 자리하고 있다.

한 사람 한 사람을 인간으로 바라보면 이것이 잘못된 생각임을 알 수 있다. 감정적인 남성도 있고, 논리적인 여성도 있다. 일반적으로 여성이 감정적이라고 해서 모두에 해당되는 것은 아니며, 논리적 사고에 약한 남성도 얼마든지 있다. 4장에서도 이야기했지만, 고정관념으로 타인을 판단하거나 편견을 갖는 것은 벽을 높이는 원인이 된다.

성의 차이는 분명히 존재하지만, 남성과 여성이기 전에 같은 인간임을 잊지 말자. 이는 특히 비즈니스 현장에서 철칙이라고 할 수 있다.

● 세대·연령의 벽

비즈니스 현장에는 세대·연령의 차이라는 벽도 존재한다. 자신보다 나이가 많은 사람의 상사가 되었다면, '부하이지만 저 사람이 나보다 베테랑이지' 등 나이에 관한 배려나 선입견이 복잡하게 얽혀서 연령이라는 벽의 높이를 조정하는 데 어려움을 겪는다.

연공서열 제도가 사라지고 있다고 하지만, 최근 10~20년 사이의 이야기다. 동아시아에는 연장자를 존중하는 2,000년 넘게 이어져온 유교의 전통이 뿌리 내리고 있기 때문에 연령의 벽이 그리 쉽게 사라질 수 없다. '나이가 많다=존경해야 한다'는 것은 문화로서는 나쁜 벽이 아니지만, 비즈니스 현장에서 이것을 지나치게 신경 쓰면 혼란의 원인이 된다.

또한 젊은 사원은 '상사의 사고방식이 낡아서 새로운 기획을 이해해주지 않는다'고 느낄 때도 있다. 세대 차이는 당연히 있기 마련이지만, 나이에 대해 서로 편견을 가지면 연령의 벽은 나쁜 벽이 되고 만다.

그렇다면 젊을수록 편견이 없을까? 그렇지 않다. 몇 년 전에 작가인 윌리엄 데레저위츠William Deresiewicz가 스탠퍼드에서 강연을 했다. 예일 대학교의 교수였던 데레저위츠는 미국의 일류 대학에 관해 잘 알고 있는 인물이다.

"미국의 엘리트 학생들은 머리도 좋고 영리해서 정해진 것은 실수 없이 해결합니다. 하지만 스스로 생각하고 창조적인 일을 하는 능력은 부족합니다. 그들은 리더가 아니라 양치기의 뒤를 따라다니는 우수한 양에 불과합니다."

이 주장은 그의 저서 《공부의 배신Excellent sheep》에도 등장한다. 그는 당시 강연에 참석했던 학생들의 설문 조사 결과를 정리하여, 나중에 내게 이렇게 말했다. "제 강연에 대해 '당신은 틀렸어. 그렇지 않아'라고 비판한 학생은 거의 1학년이더군요."

명문으로 불리는 스탠퍼드이므로 많은 학생이 자신감을 품고 있다. 특히 1학년은 자신의 실력이 뛰어나서 합격할 수 있었다고 믿고 있다. 분명히 실력이라는 요소는 크지만, 고액의 학비를 대줄 수 있는 부모, 고등학교 시절의 선생님, 클럽 활동의 감독 등 주위 사람들의 지원도 있었기에 가능한 일이었는데도 그 점을 생각하지 못한다. '나는 대단해'라는 믿음으로 자신의 주위에 높고 나쁜 벽을 만들어버린다.

그런데 3, 4학년에서는 데레저위츠의 의견에 동의한다는 감상이 많았다고 한다. 대학에서 다른 우수한 학생들을 만나 '고등학교 시절에는 내가 최고였지만, 여기에서는 평범한 학생에 불과하구나'라고 깨달았기 때문이리라. 또한 인턴십 등을 통해 사회와 접촉하면서 현실을 알게 된다. 그래서 선입견을 벗어던지고 다른 사람의 의견에 솔직하게 귀를 기울일 수 있는 것이다. '나는 특별한 엘리트가 아니야. 세상에는 더 대단한 사람도 있고, 내가 모르는 것도 산더미처럼 많아. 나는 순종적인 양이 되어버렸는지도 몰라.'

페이스북의 마크 저커버그Mark Elliot Zuckerberg는 22세일 때 "젊은이가 더 현명하다"라고 말해서 물의를 빚었는데, 머리가 굳은 젊은이도 있고 유연한 발상을 하는 중년도 있다. 실리콘밸리는 극단적일 정도로 젊음에 가치를 두지만, 그것이 항상 진실이라는 보장은 없다. 당신의 회사에도 주위가 보이지 않는 탓에 자신감 과잉이 되거나 일방적인 생각 또는 편견을 무조건 옳다고 우기는 젊은 사원이 있을 것이다. 이른바 일류 기업일수록 그런 사원이 많다.

'젊다=자신감 과잉'이라고 간주하는 것도 편견이다. 젊어도 주위를 제대로 둘러볼 수 있는 사람이 있으며, 중견 사원이 되었어도 선입견에 사로잡혀 벽을 높게 세우는 사람이 있음을 잊지 말기 바란다.

● 고정관념의 벽

권력, 성별, 연령의 차이는 비즈니스 현장을 단절시키는 벽이 될 위험성을 내포하고 있다. 이런 것들은 자신과 다른 사람과의 사이에 우뚝 선 너무 높고 나쁜 벽이다. 그런데 자신의 주위에 멋대로 벽을 만드는 사람도 있다. 네 번째 벽인 고정관념의 벽으로, 이는 자신을 철벽같이 둘러싸서 아무도 들어오지 못하게 하는 나쁜 벽이다.

'나는 문과니까 매출 숫자에 관해서는 전혀 몰라', '내가 여자라서 거래처가 승낙하질 않아'라고 생각하는 사람들은 편견이나 고정관념을 가진 것이다. '문과는 이렇다', '여자는 이렇다'는 고정관념에 스스로 본인을 끼워 맞추고 벽 안에 틀어박힌다.

스탠퍼드 대학교 명예 교수이자 사회심리학자인 클로드 스틸Claude Steele 박사의 연구에 따르면 자신을 고정관념의 벽에 가둔 사람은 능력을 충분히 발휘하지 못한다고 한다. 여성이나 소수 민족이 자신의 능력에 관해 부정적인 선입견을 품고 있으면 생산성이 정말로 악화된다는 것이다. '여성은 자기주장을 하지 못한다'고 생각하는 여성은 계약을 따내지 못하고, '백인이 아니라서 대등한 대우를 받지 못하고 있어'

라고 생각하는 소수 민족은 회의에서 발언이 적어진다는 이야기일 것이다.

그러나 고정관념의 벽에서 자유로워지면 가능성은 확대된다. 그 좋은 예가 메그 휘트먼Meg Whitman이다. 그녀는 P&G, 베인앤드컴퍼니를 거쳐 이베이, 휴렛팩커드의 CEO로 활약한 인물이다. 휴렛팩커드가 HP Inc.와 휴렛팩커드 엔터프라이즈로 나뉜 뒤에는 엔터프라이즈의 CEO로 취임했는데, 현재는 스타트업 기업의 CEO로 활약하고 있다. 휘트먼이 자산 32억 달러를 벌어 2017년 '자력으로 성공한 여성 대부호 순위'에서 10위 안에 들어갈 수 있었던 이유는 '여성은 조신하게'라는 고정관념의 틀에 자신을 가둬두지 않았기 때문이다.

그녀의 어머니는 자녀들에게 '하겠다고 마음먹은 것은 무슨 일이 있어도 이루어낼 수 있다'는 가르침을 줬다고 한다. 제2차 세계대전 중에 남성 사회인 비행기 정비사로 활약했던 경험에서 우러나온 말이었을 것이다. 이 가르침을 가슴에 새겼기에 그녀는 성별이라는 고정관념을 뛰어넘어 리더로서 올바르게 자기주장을 함으로써, 투자가, 이사진, 사원 등 각기 주장이 다른 다양한 사람들을 하나로 모을 수 있었다.

벽을 관리하라

팀의 조화를 고려한다

변화하지 못하는 팀은 지속 가능한 조직이 될 수 없다. 변화를 방해하고 팀을 분열시킬 수 있는 나쁜 벽에 대해 이해했다면 이를 좋은 벽으로 바꿔나가자.

4장에서 소개한 "이 세상에서 살아남는 자는 힘센 자도 아니고 지식을 가진 자도 아니다. 변화할 수 있는 자다"라는 다윈의 말을 떠올리기 바란다. 팀이 변화하기 위해 꼭 필요한 것은 다양성, 즉 다른 속성이나 개성을 지닌 인재들이다. 리더는 다양성이라는 개인의 벽을 활용할 필요가 있다.

다양한 이유에서 생겨나는 너무 높고 나쁜 벽은 팀을 가르는 원인이 될 수 있다. 어떻게 해야 다양성이라는 개인의 벽을 팀을 산산이 흩어버리는 단점이 아니라 다양한 능력과 강점을 지녔다는 장점으로 만들 수 있을까? 어떻게 해야 나쁜 벽을 뛰어넘을 수 있을까?

인간이라면 모두 지니고 있는 벽을 이해하고 존중한다. 그리고 벽의 높이를 적당히 조정하거나, 부수거나, 뛰어넘는 매니지먼트를 통해 다양성을 지닌 팀을 활성화시키자. 이것이 벽을 뛰어넘는 리더십을 발휘하는 것이다.

스탠퍼드 대학교의 심리학 교수인 헤이즐 로즈 마커스

Hazel Rose Markus 박사는 '일본 문화에는 어떤 리더십이 효과적인가?'를 조사하고 있다. 미국과 일본의 문화는 상당히 다르다. 그러나 마커스 박사에 따르면 기본적인 부분에서는 미국과 일본에 차이가 없음이 밝혀졌다. 행복이나 성공을 손에 넣기 위해서는 다른 사람과의 관계가 중요하며, 누구나 존중받기를 바란다는 점은 일본이든 미국이든 똑같다는 것이다.

한편, 미국과 일본의 차이도 드러났다. 미국에서는 어디까지나 개인이 중요하지만, 일본에서는 집단의 조화를 중시한다고 한다. 그러므로 리더답게 팀의 조화를 의식하면서 벽을 뛰어넘는 리더십을 발휘하면 된다.

좋은 유대 관계를 쌓는다

개인의 벽을 다양성이라는 장점으로 만들기 위해, 먼저 하버드 대학교의 심리학자인 데이비드 매클리랜드David Clarence McClelland의 연구를 살펴보자. 그는 동기 부여에 대한 연구의 선구자로 1976년에 '욕구 이론'을 제창했다. 이에 따르면 비즈니스 현장에는 세 가지 욕구가 존재한다.

① 권력 욕구: 타인에게 영향을 끼치고 통제하는 힘을 갖고 싶다.
② 성취 욕구: 목표를 달성하고 성과를 올리고 싶다.
③ 친화 욕구: 다른 사람과 좋은 유대를 맺고 양호한 인간관계를

쌓고 싶다.

사람은 누구나 이런 욕구를 갖고 있는데, ①과 ②가 지나치게 강해지면 강권적 리더가 된다. 그래서 적극적 리더는 친화 욕구를 효과적으로 이용해야 한다고 나는 생각한다. 구체적으로는 지금까지 소개해온 진정성 리더십과 섬기는 리더십을 이용해서 팀원과 인간적인 유대를 쌓으면 된다.

대니얼 골먼도 《감성의 리더십Primal Leadership》에서 "리더십에 중요한 것은 EQ"라고 강조하며, 사람의 마음을 이해하고 관계를 맺는 것의 중요성에 관해 언급했다. 먼저 벽의 존재를 인식한 다음, 4장에서 소개한 적절한 커뮤니케이션이나 피드백을 사용해 상사와 부하, 팀원 사이에 좋은 유대를 쌓아나가자. 그렇게 하면 개인을 형성하는 좋은 벽은 존중하면서 커뮤니케이션을 막는 나쁜 벽은 없앨 수 있다. 집단 속에서 좋은 인간관계를 조성해 팀 내부의 벽을 낮추자.

감사한다

저마다 다양한 차이를 지니고 있는 구성원들이 단결하는 팀은 훌륭하다. "모두가 똑같이"를 외치는 것이 아니라 개성을 존중하며 독자적인 능력을 발휘한다. 이상론이라고 생각할지도 모르지만, 개성을 존중하면서 단결할 수 있는 팀을 만드는 데 효과적인 방법으로 심리학 연구를 통해서 입증된 것이 있다. 바로 '감사하기'다.

감사 인사를 받으면 내적 동기가 상승해 생산성이 향상된다는 사실이 밝혀졌다. 또한 심리학 연구에 따르면 자신의 행동에 대해 감사의 말을 들은 사람은 더 좋은 행동을 하게 된다고 한다. "덕분에 살았습니다. 정말 고맙습니다"처럼 말이나 태도로 감사의 뜻을 분명하게 표현하는 집단에서는 주위 사람들을 돕는 사람의 비율이 몇 배로 증가했다.

한 자원봉사 단체를 대상으로 실시한 조사가 있다. 그 단체의 봉사자들은 자택에서 일반 가정에 전화를 걸어 모금을 요청했는데, 몇몇 봉사자의 집에 매니저가 방문해 "모금 활동은 중요한 일입니다. 열심히 전화를 걸어주셔서 정말 고맙습니다"라고 감사를 표하게 했다. 그리고 매니저가 방문하지 않은 봉사자와 방문한 봉사자의 모금 활동을 비교해봤더니 매니저가 방문한 봉사자의 통화량이 일주일 동안 50퍼센트 이상 증가했다. 감사 인사를 받지 않은 사람의 2배나 전화를 건 것이다.

그러므로 리더는 다음과 같은 흐름을 만들자.

① 먼저 리더가 부하에게 감사의 마음을 표현한다.

아무리 작은 것이어도 괜찮다. "회의록을 공유해줘서 고맙

네. 모두한테 도움이 됐어"라는 식으로 리더가 먼저 부하의 업무 활동이나 일에 대해 감사의 마음을 표현하자.

② 감사의 말을 들은 부하는 내적 동기가 상승한다.

사람에게는 인정받고 싶어 하는 심리가 있기 때문에 상사에게 인정을 받으면 '내 공헌에 의미가 있었어'라며 충족감을 느끼고 내적 동기가 상승한다.

③ 감사의 말을 들은 부하는 좋은 행동을 재현한다.

내적 동기가 상승한 부하는 다음 회의에서도 회의록을 공유한다. 또한 누군가를 도와야 할 상황에서 흔쾌히 돕게 된다. '감사 인사를 받은 사람은 모르는 사람에게까지 친절해진다'는 심리가 있기 때문이다.

④ 감사하는 마음의 연쇄 작용이 일어난다.

누군가에게 친절하게 도움을 받으면, 그 사람이 그다지 친분이 없었던 동료라 해도 나쁜 기분은 들지 않는다. 그런데 영향력 있는 리더가 평소 작은 일에도 감사를 표하면 부하들도 "고마워, 정말 큰 도움이 됐어"라고 감사를 표현하게 된다. 이렇게 해서 감사와 도움이 넘치고, 긍정적인 분위기가 팀에 확산된다. 벽을 뛰어넘은 배려 넘치는 관계가 형성된다.

일반적으로 도움은 '상대가 할 수 없고 자신은 할 수 있는 일'에 대해 행해지는 경우가 많다. 남성이 여성의 무거운 짐을 들어주는 것은 힘이 있는 사람이 힘이 없는 사람에게 힘을 빌려주는 행위다. 비즈니스 현장에서라면 영어를 잘하는 사람이 영어가 서툰 사람의 영문 이메일 작성을 도와주거나, IT에 강한 사람이 컴맹인 사람을 도와주는 등의 상황일 것이다. 요컨대 서로 다른 강점을 발휘해서 서로를 돕고, 감사를 표하면 그 도움이 순환된다. 감사를 표하는 것이 생활화된 팀은 다양성을 살릴 수 있는 팀이 된다.

세포막을 만든다

너무 높은 벽은 나쁜 벽이 되어서 팀의 기능 부전을 초래하지만, 그렇다고 벽을 전부 없애버리면 팀의 힘은 사라진다. 동일화된 조직은 강해 보이지만 허약하기 때문이다. 똑같은 사상으로 세뇌당한 종교 집단이나, 국민 모두가 자신의 지도자가 제일 위대하고 훌륭한 사람이라고 생각하는 독재 국가는 지속성이 없다.

그래서 추천하는 것이 '세포형 조직'이다. 사람의 몸에는 약 37조 개나 되는 세포가 있다고 한다. 세포는 주로 지질로 구성된 2중의 막에 덮여 있다. 세포막이 없으면 세포의 내용물인 핵소체와 세포핵, 리보솜 등은 일정한 상태를 유지하지 못한다. 세포막이 없으면 세포는 세포로서 존재하지 못하는 것이다.

세포막은 내용물을 확실히 감싸서 보호하지만, 아무것도 통과시키지 않는 것은 아니다. 세포막은 반투과성이어서, 통과시켜도 되는 것과 통과시켜서는 안 되는 나쁜 것을 선별한다. 아주 작은 구멍이 뚫려 있어서 영양분이나 수분 등 필요한 것은 받아들이고 불필요한 것은 막는 것이다.

따라서 리더는 자신뿐만 아니라 팀이 벽이 아닌 세포막을 갖도록 해야 한다. 벽을 없애서 동일화하는 것도, 무엇이든 다 받아들이는 것도 아니다. 타인과 자신을 나누는 벽이 아니라 서로 오갈 수 있는 막을 두는 것이다. 자신에게 필요한 것이나 자신을 성장시켜주는 것은 통과시키고, 그렇지 않은 것은 받아들이지 않으면 된다.

세포막은 팀에나 개인에게나 좋은 벽이 된다. 세포막을 갖고 있는 다양한 세포, 다시 말해 팀원 개개인이라는 인재가 모여서 구성된 세포형 조직은 다양성을 지니고 있으면서도 유대가 형성된, 벽을 뛰어넘은 강한 팀이 될 것이다.

IQ, EQ 그리고 CQ

CQ란?

세포형 조직에서는 한 사람 한 사람이 개성을 지니고 있지만 분열되지 않는다. 자신에게 필요한 것이나 자신을 성장시켜주는 것은 받아들이고, 필요한 것은 받아들이지 않기 때문이다.

그렇다면 필요한 것이나 자신을 성장시켜주는 것이란 무엇일까? 기능을 가르쳐주거나 코칭 등의 수법을 회사에 도입하는 것도 효과적이며 결국 개인들의 성장으로 이어지겠지만, 사람에게 가장 좋은 영양분은 바로 '다른 사람'이다.

팀원이 자신과 다른 점을 지닌 다른 팀원의 강점을 알고 좋은 점을 받아들인다면 다른 사람이 만들어낸 영양분을 받아들인 것이며, 결국은 팀 전체가 바뀌어간다. 차이를 부정하지 않고 벽의 존재를 인식한 팀원이 다른 사람이라는 영양분을 통해 성장하는 한 변화가 계속되므로, 상황이 바뀌어도 대응할 수 있으며 팀은 살아남을 수 있다. 벽을 뛰어넘어서 다양성을 살리고 지속성을 갖는, 벽을 뛰어넘는 리더십 그 자체인 팀이 되는 것이다.

이를 위해 리더는 CQ를 이해해야 한다. 'IQ보다 EQ가 더 중요하다'는 생각은 이미 정착되어 있는데, 나는 제3의 Q인 CQ_Cultural Intelligence Quotient야말로 정말 중요하다고 생각한다. CQ는 '문화지능', 즉 다른 문화를 이해하는 힘이다.

심리학에서는 문화적 유능성_cultural competence에 관해 50년에 걸쳐 다양한 연구가 진행되었다. 문화적 유능성이란 자신과는 다른 문화나 신념을 가진 사람들을 이해하고 인정하며 교류하는 힘이다. 이 개념은 먼저 임상심리학에서 사용되었는데, 2000년대 초반이 되자 조직심리학의 연구자들이 정부 기관이나 비즈니스, 교육 현장, 학술 연구 등에서 CQ라는 말을 사용하기 시작했다.

서로 다른 문화를 가진 사람끼리 서로의 존재를 인식하고 이해하며 함께 일하면서 좋은 결과를 낸다는 CQ는 현재 실리콘밸리는 물론이고 미국 전역에서 적극적으로 사용되고 있다. '인종의 용광로'인 미국에서 CQ는 주로 다른 문화를 가진 사람들에 대한 이해력을 가리키는데, 인간은 한 사람 한 사람이 가치관이나 사고방식이 다르다.

나는 차이를 생각하고 다른 사람을 이해하는 데도 CQ가 중요하다고 생각한다. 똑같은 가정환경에서 자란 형제라도 맏이로 태어났느냐, 둘째로 태어났느냐에 따라 사고방식이 다른 경우가 있다. 특히 조화를 중시하는 일본인은 '우리 일본인'이라고 동화시키고 싶어 하는 경향이 있기 때문에 차이에 대해 부정적이다. 그러나 사람은 저마다 다르고, 다르기 때문에 배울 점이 있다고 이해하는 것이 CQ를 높이기 위한 첫걸음이며, 지속적인 인간관계의 초석이 된다.

창조성으로 직결된다

실리콘밸리에서 CQ를 중시하는 이유는 이것이 창조성으로 이어진다고 보기 때문이다.

CQ가 높은 사람은 자신과는 다른 것, 모르는 것을 알고 싶어 하는 호기심이 강하다. "테슬라에서 자율 주행 자동차가 나왔어"라는 말을 들으면 타본다. 컴퓨터에 지금까지 없던 기능이 추가되면 써본다. 새로운 것에 저항감 없이 도전하는 것이다. 본 적도, 들은 적도 없는 이국적인 음식을 망설임 없이 먹는 사람은 '먹어봤다가 맛이 없으면 어떡하지? 괜히 모험하지 말자'라는 사람보다 미각의 폭이 넓어진다.

비즈니스에서도 해본 적이 없는 분야에는 손대고 싶지 않아 하는 사람보다 다른 업계의 다른 방식을 도입하는 사람이 성과를 낼 확률이 더 높다. 유연한 발상으로 새로운 일을 시작할 수 있기 때문이다.

모든 문화는 다른 문화와 결합함으로써 불꽃이 튀어 발화한다. 어떤 사람이 알고 있는 것과 다른 사람이 알고 있는 것이 결합해서 혁신이 탄생한다. 실리콘밸리는 이런 불꽃을 매우 중요하게 여기며, CQ가 높은 사람을 창조적이거나 혁신적인 인재로 여기고 끊임없이 원한다.

스탠퍼드는 다양한 인재를 배출하기 위해 학업 성적이 우수한 학생뿐만 아니라 스포츠나 예술에 뛰어난 재능이 있는 학생이나 사회 활동을 펼치는 학생도 합격시킨다. 학생이 부자 백인으로 편중되지 않도록 인종의 균형도 생각해서 소수자에게도 문을 넓히고 있다. 이것은 대학으로서 다양성을 존중하고 CQ를 높이기 위해서다. 미국의 일류 대학교는 이런 식으로 신입생의 합격 · 불합격을 결정한다.

CQ를 원하는 시대

한편 일본에서는 지금까지 CQ에 대한 인식이 없었다. 나는 도쿄 대학교에서 일하기 전에 템플 대학교 일본 캠퍼스에서 일한 적이 있다. 템플 대학교는 필라델피아의 주립대학교로, 일본 캠퍼스는 1982년에 설립된 일본 최초의 외국 대학교다. 학생은 주로 일본인이지만 유학생도 많아서, 다양한 배경을 가진 학생들이 모여 있었다. 그래서 내가 있었던 무렵에도 졸업생들은 CQ가 상당히 높았다. 어학 능력은 말할 것도 없다.

그런데 취업 활동을 하는 학생에게서 "우리 회사의 성향과는 맞지 않는다", "당신은 일본인인데도 마치 외국인 같다"라는 이유로 채용되지 않았다는 이야기를 몇 번이나 들었다. 다시 말해 일반적인 일본인답지 않은 그들이 조직의 조화를 해친다는 것이다. 다른 문화와 일본의 기업 문화를 결합시킴으로써 생겨날 불꽃을 아무도 기대하지 않는단 말인가? 25년 전 이야기이므로 지금은 사정이 다를 것이라고 생각하지만, 그 당시 나는 충격을 받았다. '다른 개성을 지닌 사람이 있으면 조직의 조화를 유지할 수 없다'는 메시지로 느껴졌다.

CQ는 실제 비즈니스에서도 중요한데, 일본 기업에서는 CQ가 높은 사람을 '외국을 좋아하는 사람'이나 '취미가 많은 사람'으로 치부해온 것은 아닐까? 그리고 일밖에 모르며 취미도 없는 사람을 높이 평가해온 것이 아닐까?

언뜻 업무와 관계가 없어 보이는 것도 새로운 지식으로서 결합시키면 얼마든지 창조적일 수 있다. 지금까지는 정해진 일을 정확하게 처리하는 인재가 요구되었지만, 지금은 그런 상황이 아닐 것이다. 시대는 변화하고 있다. 차이를 인식하고 CQ를 높이자. 그렇게 벽을 뛰어넘는 리더십을 발휘해 CQ가 높은 팀을 지향하자.

도전하는 환경을 조성한다

어떻게 하면 팀을 최대한 창조적으로, 혁신적으로 바꿀 수 있을까? 창조적이고 CQ가 높은 팀이 되려면 무엇을 해야 할까? 세 가지 접근법이 있다.

① 되도록 빨리 창조적인 인재를 회사 안팎에서 채용한다.

② 이미 있는 팀원을 창조성을 발휘할 수 있도록 훈련시킨다.

③ 개개인의 자주성을 존중하고, 좀 더 창조적이고 혁신적일 수 있는 환경을 만든다.

이것은 실리콘밸리의 방식이므로, 일본에서 일하는 당신에게 ①은 현실적이지 못할 것이다. 창조적인 인재를 갑자기 채용하기는 어려울 것이며, 타 부서에 있는 A씨가 발상이 신선하다고 해서 팀으로 영입할 수도 없는 노릇이다. 어떤 부서에서든 그런 인재는 소중하기 때문에 그렇게 쉽게 데려올 수는 없다.

그래서 시도할 수 있는 것이 ②와 ③처럼 지금의 팀을 창조적으로 만드는 접근법이다. 구글에서는 하루의 업무 시간 중 20퍼센트를 각자 창조적 활동에 사용할 수 있다고 한다. 실리콘밸리는 이런 시책과 실제 사례의 보물 창고이기 때문에 전 세계에서 수많은 기업가가 시찰한다.

③의 일하는 환경의 조성을 위해 추천하는 방법은 팀에 '디자인 사고'를 도입하는 것이다. 일본은 감점식 평가를 하기 때문에 실패를 극단적으로 피한다. 그와 달리 디자인 사고는 '일단 해보고, 실패라면 다시 새로 만든다'는 방식이다. 실리콘밸리는 디자인 사고에 지나치게 치우쳐 있어서, '일단 해본다'부터 '실패라면 다시 만든다'까지의 과정이 너무 짧

다. 그래서 성공하기까지의 과정이 등한시된다는 비판도 있다. 그러나 일본의 경우는 '지긋한 스타일'이기 때문에 디자인 사고를 도입할 경우 단점보다 장점이 더 클 것이다. '실패해도 좋다'는 환경이 조성된다면 팀원은 도전할 용기가 솟아나 창조성을 발휘할 수 있을 것이다.

이처럼 각자가 창조성을 유감없이 발휘할 수 있는 환경을 조성하면 CQ도, 창조성도 상승효과를 일으켜 더욱 높아진다. 결국에는 개개인이 서로의 차이를 인정하면서 새로운 것을 만들어내는 최고의 팀이 만들어질 것이다.

나의 벽은 무엇인가?

벽을 뛰어넘는 리더십은 내 인생의 배경이기도 하다. 하버드 대학원 시절, 나는 유학생과 소수자 학생을 모아서 조직을 만들어 석사 과정의 입학 위원회Admission Committee에 포함시켰다.

앞에서 이야기했듯이, 미국의 일류 대학교는 다양성을 중시하기 때문에 다양한 학생을 합격시킨다. 지금도 그 제도는 변함이 없어서, 컴퓨터과학 전공의 경우 인도계나 아시아계 학생만 넘쳐나지 않도록 흑인이나 히스패닉에게 더 많은 기회를 준다. 물론 평등성도 배려한다.

입학 위원회는 대학의 다양성을 실현하기 위해 '조정'해서

각기 다른 개성을 지닌 다양한 학생을 모으는 조직이다. 그렇게 해서 우수한 인재를 배출하면 그 대학교의 가치가 높아진다는 발상을 바탕으로 하는데, 이것은 내게 이문화의 벽을 뛰어넘기 위한 활동이기도 했다.

일본에 가서 도쿄 대학교에서 일하기 시작했을 무렵에도 ISAInternational Student Association라는 국가를 초월한 유학생의 조직을 주재해 벽을 뛰어넘으려 했다. 이때 ISA 활동의 일환으로 학생 자치회를 결성한 적이 있다. 한국인 유학생과 중국인 유학생이 꼭 리더가 되고 싶다고 서로 주장해서 마찰을 빚기도 했지만, 그전까지 나라별로 뭉칠 뿐 그다지 교류가 없었던 유학생 사이의 높고도 나쁜 벽을 낮춘 것은 내가 벽을 뛰어넘는 리더십을 발휘한 결과라고 생각한다. 그중에서도 서로 다른 나라의 학생들이 함께한 축구 대회는 당시 주목을 받아서 신문에 보도되기도 했다.

벽은 사람과 사람 사이, 한 사람의 주위에, 한 사람의 '내부'에도 존재한다. 나 자신의 내부에도 벽이 있으며, 지금까지 그 벽을 계속 뛰어넘어왔다. 일본에서 태어나 곧 미국으로 건너갔던 내가 다시 일본으로 돌아온 것은 20대 중반이 되었을 때였다. 일본인 숙모와 숙부, 사촌은 나를 따뜻하게 맞이했고, 당시의 이야기를 이것저것 들려줬다. 그중에서도 내 마음을 사로잡은 것은 부모님 사이를 가로막았던 벽에 관한 이야기였다. 전쟁이 끝나고 미국 점령하의 일본에서, 아버지와 어머니는 국가와 종교, 민족성, 문화의 벽에 가로막혀 있었다. 당시의 법률로는 국제결혼이 불가능했던 것이다. 나중에 법이 바뀐 덕분에 부모님은 정식으로 결혼할 수 있었다. 국가라는 벽이 가족 사이에도 존재했던 어린 시절의 사정도 내가 벽을 뛰어넘고 싶다, 일본과 미국을 연결하는 가교가 되고 싶다고 생각한 이유 중 하나다.

물론 나의 내부에 있는 일본과 미국이라는 '다름'이 벽이 되어서 나의 정체성을 갈라놓지는 않는다. 그 차이는 지금도 그대로 존재하며, 다양성으로서 나를 한층 풍부하게 만들어 줄 것이라 믿는다. 심리학을 공부한 뒤로 나는 그렇게 생각하게 되었다.

자신의 차이를 인정하게 되자, 내가 국경을 뛰어넘어서 사람들을 도울 수 있음을 깨달았다. 차이를 뛰어넘어 조화를 이루고 함께 살아가는 법을 가르쳐준 아버지와 어머니, 그런 부모님 곁에서 자랐기에 다른 문화를 가진 사람들을 하나로 모으고 온갖 종류의 벽을 세포막으로 바꿔서 서로 이해하도록 시각을 넓힐 수 있음을 깨달은 것이다.

심리학을 공부하고 대학에서 심리학을 가르치기 시작했을 때, 내 인생의 배경과 개인적인 경험은 다양성과 다양한 사람들의 욕구를 이해하는 데 큰 도움이 되었다. 그리고 내가 벽을 뛰어넘는 리더십을 발휘함에 따라 학생과 다른 많은 사람이 나를 신뢰해주었다.

벽을 뛰어넘는 리더십을 갖춘 것은 나의 내부에 있는 차이 덕분이다. 다양성을 인정한다는 것은 자신의 개성을 인정하고 서로의 개성을 인정하는 것이기도 하다.

리더의 특권과 책임

'리더십이란 자신의 가능성을 최대한으로 끌어내기 위한 최선의 방법이다.'

나는 그렇게 믿기에 스탠퍼드에서 리더십을 가르치고 있다.

이 책에서 소개한 나의 생각은 개인적인 경험과 심리학의 연구에 바탕을 두고 있다. 일본과 미국이라는 두 나라의 문화를 이어받았다는 개인적인 배경뿐 아니라 폭넓게 연구하고 실천해온 미국과 일본의 심리학의 결정체다.

마지막으로, 내 개인적인 이야기를 하려고 한다.

***

20대 무렵, 나는 어두운 숲을 헤매고 있었다. 세계의 사상과 문학에 영향을 끼친 단테의 《신곡》은 "인생의 중반에 검은 숲에서 길을 잃었다"라는 구절을 시작으로 장대한 이야기가 펼쳐진다. 나도 나의 길을 잃고 헤매고 있었다. 인생이 공허하고 무의미하게 느껴졌고, 직장에서도 가정에서도 매일같이 잡무에 시달리고 있었다. 그래서 나는 일본으로 건너가 에히메 현에서 외할머니와 함께 살기로 했다. 그리고 외할머니는 나의 스승이 되었다.

외할머니는 자신이라는 존재를 이해하고 받아들이기 위해 "자신이 누구인지를 떠올리거라"라고 가르쳐주셨다. 즉, 나의 능력, 지식, 경험, 배경, 강점을 알고 의식하라는 말이다.

그러자 나는 나의 능력이나 경험뿐만 아니라 약점도 깨닫게 되었다. 외할머니도 "너는 상냥하고 친절하지만 소심해"라고 말씀하셨다. 나는 그 모든 것을 받아들일 수 있었다. 내가 외할머니를 좋아했던 것과 마찬가지로, 외할머니도 나를 사랑해주셨기 때문이리라. 외할머니의 꾸미지 않은 올곧은 마음에 마음이 움직였기에, 나는 약점을 받아들이고 성장하려고 노력할 수 있었다.

또한 외할머니는 "무엇을 위해서 살고 있는지 자신에게 물어보렴"이라고 하시며 내가 나다운 인생의 목적을 가질 수 있게 해주셨다. 그래서 나는 자신의 역할을 찾아내려 모색하기 시작했다. 그 길을 걸어감으로써 삶의 의미를 찾으려 한 것이다. 그리고 나의 배경을 통해서 누군가의 인생에 도움이 되는 것이 내 인생을 가치 있게 한다는 것을 느꼈다. 누군가의 인생에 도움이 된다는 것은 곧 리더십을 발휘하는 것이다. 그때 나는 개인이 아니라 세계라는 거대한 존재의 일부임을 깨달았다.

111세까지 사신 외할머니의 메시지는 단순명쾌했다.

"네게 주어진 것을 가지고 네 나름대로 최선을 다하거라."

이렇게 해서 나는 어두운 숲에서 빠져나올 수 있었다. '리더십의 탐구'라는 내가 스스로 선택한 길에 확신이 차 있었기 때문이다. 나는 누구이며 무엇을 해야 할지를 깨닫고, 나는 나와 관련된 모든 것에 최선을 다하기로 결심했다.

그러자 리더십은 자연스럽게 생겨났다. 리더십이란 권력을 탐하는 것이 아니다. 타인을 지배하고 내 뜻대로 움직이고 싶다는 욕망도 아니다. 진정한 리더십은 자신의 인생을 스스로 통제하기 위해 자신을 알고 스스로의 리더가 되려는 용기다. 여기에서 진정한 리더로의 변혁이 시작된다.

리더십에 관해 생각하게 된 나는 어느덧 긍정적인 에너지를 발산하게 되었다. 주위 사람들이 자연스럽게 나를 따르게 되어, 하버드 대학교와 도쿄 대학교에서는 나도 모르는 사이에 리더의 역할을 하게 되었다.

***

그 후 나는 스탠퍼드 대학교에서 리더십을 가르치기 시작했고, 그로부터 10년이 흘렀다. 줄곧 리더십을 가르치면서 이 책에서 소개한 적극적 리더의 놀라움과 그것을 뒷받침하는 진정성 리더십, 섬기는 리더십, 변혁적 리더십, 벽을 뛰어넘는 리더십의 효과를 실감하고 있다.

스탠퍼드에서 리더십을 배운 학생들은 자신의 인생과 다른 사람의 인생을 바꿨다.

"우리는 리더다."

이 말은 진실이다. 누구에게나 가능성은 내재되어 있다. 그러니 당신도 리더십을 발휘해서 구성원이나 부하의 가능성을 최대한으로 끌어내기 바란다.

그 첫걸음은 자신의 가능성을 끌어내는 것이다. 자신의 업무와 생활을 더 좋게 만들고 이를 다른 사람들의 업무와 생활을 더 좋게 만드는 것으로 연결시키자. 그것이 조직에 공헌하고, 이어 사회에 공헌하는 업무 방식이다.

스탠퍼드의 졸업식에서는 학장이 졸업생 모두에게 스탠

퍼드의 학위에 따르는 권리rights, 책임responsibility, 특권privilege
을 수여한다. 전통 있는 일류 대학을 졸업하면 앞으로의 인
생에서 커리어나 인맥의 구축에 도움이 되는 '권리와 특권'
을 얻을 수 있는데, 여기에는 '책임'이 동반된다는 의미다. 조
직의 리더에게도 지위에 동반되는 권리와 특권이 있을 것이
다. 그것은 팀원 한 사람 한 사람을 더 좋은 방향으로 이끌어
야 한다는 책임이기도 함을 잊지 말자.

***

마지막으로, 나는 팀을 만들 때 다음의 여덟 가지 요소가
필요하다고 본다.

① 초심자의 마음
② 약점
③ 진실함
④ 타인과의 유대
⑤ 듣는 힘
⑥ 받아들이는 힘
⑦ 감사하는 습관

⑧ 책임

전부 이 책에서 소개한 것들이다. 여러분이 이 책을 활용해서 최고의 팀을 만든다면 나로서는 무척 행복할 것이다.

리더인 당신은 물론, 팀원 한 사람 한 사람이 적극적 리더가 되기를 바란다.

당신에게는 자신과 팀을 바꿀 힘이 있다.

❶장 · 잔혹한 조직

- Richard Katz and Stephen Murphy-Shigematsu, *Synergy, Healing and mpowerment: Insights from Cultural Diversity.* Brush Education (2012).

- Sigal G.Barsade, *The Ripple Effect:Emotional Contagion and Its Influence on Group Behavior.* Administrative Science Quarterly,Vol.47,No.4 (Dec.,2002), pp.644~675.

- Paul't Hart, *Irving L. Janis'Victims of Groupthink.* Political Psychology, Vol.12, No.2 (Jun., 1991), pp.247~278.

- William Samuelson and Richard Zeckhauser, *Status Quo Bias in Decision Making.* Journal of Risk and Uncertainty, 1:7~59(1988).

- 와다 히데키(和田秀樹), "냉정하게 대통령을 선택한 한국과 프랑스, 일본과는 큰 차이?" 닛케이 비즈니스, https://business.nikkei.com/atcl/report/16/122600095/051600009/

①장 · 적극적 리더가 사람을 움직인다

- Daniel R. Ames and Francis J. Flynn, *What breaks a leader: the curvilinear elation between assertiveness and leadership*. Journal of Personality and Social Psychology, 2007 Feb;92(2): 307~324.

- Daniel Ames, Alice Lee and Abbie Wazlawek, *Interpersonal assertiveness: Inside the balancing act*. Social and Personality Psychology Compass, Volume11, Issue6.

- Rashid, T. and Ostermann, R.F., *Strength-based assessment in clinical practice*. Journal of Clinical Psychology, 2009 May;65(5): 488~498.

- David F. Larcker, Stephen Miles, Brian Tayan and Michelle E. Gutman, *2013 Executive Coaching Survey*. The Miles Group and Stanford University, August 2013.

- Matthieu Ricard, Altruism: *The Power of Compassion to Change Yourself and the World*. Back Bay Books (2016).

- Rasmus Hougaard, Jacqueline Carter and Louise Chester, *Power Can Corrupt Leaders. Compassion Can Save Them*. Harvard Business Review, February 15, 2018.

②장 · 사람의 마음을 사로잡기 위한 토대를 쌓는 본질적 리더십

- Austin Meyer, *Stanford kicker Jordan Williamson reflects on infamous kick*. Peninsula Press: a project of Stanford_

Journalism (May 5, 2015).

- Zach Barnett, *Stanford goes above and beyond to help players succeed*. FootballScoop (October 3, 2013).
- Bill George, *Authentic Leadership*. Jossey-Bass (2004).
- Daniel Coyle, *THE CULTURE CODE*. Bantam (2018).
- Walter Isaacson, *Steve Jobs*, Simon & Schuster (2011).
- Kyoko Ishizaka, Sandra P. Marshall and Jeffrey M. Conte, *Individual Differences in Attentional Strategies in Multitasking Situations*. Human Performance, Volume 14, 2001-Issue 4.
- Sigmund Freud, *Group Psychology and the Analysis of the Ego*. W W Norton & Co Inc (1975).
- Jeffrey M. Conte, Heather Honig Schwenneker, Angela F. Dew and Donna M. Romano, *Incremental Validity of Time Urgency and Other Type A Subcomponents in Predicting Behavioral and Health Criteria1*. Journal of Applied Social Psychology 31(8): 1727~1748.
- Devora Zack, *Singletasking*, ReadHowYouWant (2017).

❸장 · 진정한 신뢰를 얻는 섬기는 리더십

- Servant Leadership in Japan, http://www.servantleader.jp/about_greenleaf.html
- Dale Carnegie, *How To Win Friends & Influence People*. Simon & Schuster (Reissue edition, 2009).
- Cecilia M. Falbe and Gary Yukl, *Consequences for Managers*

of Using Single Influence Tactics and Combinations of Tactics.
The Academy of Management Journal 35(3): 638~652, August
1992; DOI: 10.2307/256490.

- Janet Fletcher, *Zone of proximal development(ZPD).* Institute
of Educational Assessors – South Australian Certificate of
Education (June 2018).

❹장 · 변화를 가져오는 변혁적 리더십

- Op Ed, *Self-Immolation: the voice of Tibetans.* The Stanford
Daily (November 5, 2012).

- Jacobs C., Pfaff H., Lehner B., Driller E., Nitzsche A.,
Stieler-Lorenz B., Wasem J. and Jung J., *The influence
of transformational leadership on employee well-being:
results from a survey of companies in the information and
communication technology sector in Germany.* J Occup
Environ Med. 2013 Jul;55(7): 772~778.

- Joseph Berger, Bernard P. Cohen and Morris Zelditch Jr., *Status
Characteristics and Social Interaction.* American Sociological
Review, Vol.37, No.3(Jun., 1972), pp.241~255.

- Lisa Slattery Rashotte, *Work, Status, and Self-Esteem: A Theory
of Selective Self Investment.* Contemporary Sociology, May 1,
2006.

- Stephen Murphy-Shigematsu, *Multicultural Encounters: Case
Narratives from a Counseling Practice.* Teachers College Pr

(2002).

- Stephan P. Swinnen, Richard A. Schmidt, Diane E. Nicholson and Diane C. Shapiro, *Information feedback for skill acquisition: Instantaneous knowledge of results degrades learning*. Journal of Experimental Psychology Learning Memory and Cognition 16(4): 706~716 (July 1990).
- Daniel Goleman, *Working with Emotional Intelligence*. Bantam (2000).
- Robert Alberti and Michael Emmons, *Your Perfect Right: Assertiveness and Equality in Your Life and Relationships* (9th Edition). Impact (2008).

❺장 · 최선의 관계를 유지하는 벽을 뛰어넘는 리더십

- Yvon Chouinard, *Let My People Go Surfing*, Penguin Books (2016).
- Ryan Bradley, *"The woman driving Patagonia to be(even more) radical"*. Fortune, September 14, 2015.
- 클라우디오 페서(Claudio Feser), 《맥킨지가 가르치는 과학적 리더십》 다이아몬드사 (2017)
- Xiao, Y. J. and Van Bavel, J.J., *See your friends close and your enemies closer: social identity and identity threat shape the representation of physical distance*. Personality and Social Psychology Bulletin, 2012 Jul;38(7): 959~972.
- dentsu "덴쓰 다이버시티 라보가, 'LGBT 조사 2018'을 실시"

http://www.dentsu.co.jp/news/release/2019/0110-009728.html

- Almoamen Abdalla, "일본과 세계의 시간 감각의 차이: 시업 시각은 엄수하지만 종업 시각은 느슨" nippon.com, https://www.nippon.com/ja/column/g00584/

- Damian Joseph, *Susan Lyne, CEO of Gilt Groupe*. FAST COMPANY (03.25.10).

- 내각부 남녀공동참여국, 남녀공동참여백서 (개요판) 2018년도, http://www.gender.go.jp/about_danjo/whitepaper/h30/gaiyou/html/honpen/b1_s02.html

- Kate Vinton "미국 첨단기술 업계 최고의 여성 부호, 메그 휘트먼이 걸어온 인생" Forbes JAPAN(2017/11/27), https://forbesjapan.com/articles/detail/18660

- Cultural intelligence, https://en.wikipedia.org/wiki/Cultural_intelligence

에필로그 · 리더의 특권과 책임

- Stephen Murphy-Shigematsu, *From Mindfulness to Heartfulness*. Berret-Koehler Publishers (2018).